빛이 있는 동안
빛 가운데로 걸으라

빛이 있는 동안 빛 가운데로 걸으라

초판 1쇄 인쇄 | 2013년 03월 20일
초판 8쇄 발행 | 2021년 07월 30일

지은이 | 톨스토이
옮긴이 | 조병준
발행인 | 강영란
편집 | 강혜미
디자인 | 노영현
마케팅 및 경영지원 | 이진호
펴낸곳 | 도서출판 샘솟는기쁨

주소 | 서울시 중구 수표로2길9 예림빌딩 402호
전화 | 대표 (02)517-2045
팩스 | 주문 (02)517-5125
이메일 | atfeel@hanmail.net

홈페이지 | https//blog.naver.com/feelwithcom
페이스북 | https//www.facebook.com/publisherjoy
출판등록 | 2006년 7월 8일

ISBN 978-89-98003-03-6(03230)

※ 책값은 뒤표지에 있습니다.
※ 잘못 만들어진 책은 바꿔 드립니다.

ECHO BOOK 1

톨스토이 단편집
빛이 있는 동안
빛 가운데로 걸으라

조병준 옮김

샘솟는 기쁨

/책머리에/ 톨스토이 신앙고백

나는 무엇을 믿는가?

나는 그리스도의 가르침을 해석하고자 하지 않는다. 그 안에 있는 단순하고 평범하며, 이해하기 쉽고, 의혹이 없는 가르침이 어떻게 사람들에게 적용되는지 이해하였다. 또한 내가 이해한 것이 어떻게 내 영혼을 바꾸어 놓았으며, 평안과 행복을 주는지 말하고자 한다.

나는 그리스도의 가르침을 해석하기를 바라지도 않는다. 그 가르침에 대한 인위적인 해석들을 막고 싶다.

기독교 교회는 항상 인류가-지식과 사상, 현명함과 어리석음의 차이가 있음에도- 하나님 앞에서 동등하며, 하나님의 진리는 모두에게 열려 있음을 인정해 왔다. 그리스도께서도 현명한 자에게는 숨겨진 진리가 어리석은 자에게 밝혀지는 것이 하나님의 뜻이라고 말씀하셨다. 사람들이 교리학, 설교학, 교부학, 예배법, 해석학, 변증론 등 난해한 신비주의로 인도될 수는 없지만, 사람들은 지금까지 살아왔으며 살아가고 있는, 수백만의 소박하고 배우지 못한 사람들에게 그리스도가 말한 것을 이해하거나 이해할 수 있어야 한다.

바울, 클레멘트, 성 요한 크리서스톰 같은 사람들로부터 그리스도의 가르침에 대한 설명을 들을 기회가 없었던 평범한 사람들에게 그리스도가 전하고자 하는 바는 다음과 같다. 그것은 내가 사람들에게 말하고 전해 주고 싶어 하는 것이다.

십자가에 못 박힌 죄인은 예수를 믿고 구원받았다. 그 죄인이 십자가에서 죽지 않고 내려와, 그가 어떻게 그리스도를 믿게 되었는지 사람들에게 전해 주었더라면 정말 사악한 짓이고 누군가에게 해가 되었을까?

십자가에 못 박힌 죄인 같은 나는 그리스도의 가르침을 믿고 구원받았다. 이것은 결코 억지 비교가 아니라 내가 과거에 살았던 삶과 죽음에 대한 영적인 절망 및 두려운 상태와, 지금 내가 누리고 있는 평안과 행복의 상태에 대한 가장 가까운 표현이다.

죄인과 같은 나는 악하게 살았고, 살고 있다는 것을 알았으며 대부분의 주위 사람들이 나처럼 사는 것을 보았다. 나는 죄인처럼 불행하며 고통받고 있다는 것과 나의 주변 사람들 역시 그렇다는 것을 알게 되었다. 죽음에 의하지 않고는 그러한 처지에서 벗어날 아무런 방법이 없음을 깨달았다.

마치 죄인이 십자가에 못 박힌 것처럼, 나는 어떤 힘에 의해 그런 고통과 악의 삶에 못 박혔다. 삶의 무의미한 고통과 악 뒤에, 죄인이 무서운 죽음의 암흑을 기다리던 것처럼, 나도 똑같이 기다리고 있었다.

이 모든 비극에서 나는 정확히 죄인과 같았다. 그러나 죄인은 이미 죽어가고 있었지만, 나는 아직도 살아있다는 차이가 있다. 죄인은 구원이 무덤 저편에 있는 것으로 믿었지만 나는 그러한 것에 만족할 수 없었다.

무덤 저편의 삶 외에, 삶은 아직 이곳에서 기다리고 있었기 때문이다. 그러나 나는 그 삶을 이해하지 못했다. 그것은 나에게 무섭게 느껴졌다. 그런데 갑자기 그리스도의 말씀을 듣고부터 삶을 이해하게 되었고 생과 사가 악으로만 보이지 않았다.

나는 절망 대신에 죽음으로도 흔들리지 않는 삶의 행복과 기쁨을 경험하였다. 이러한 일이 나에게 일어났음을 말한다면 분명, 어느 누구에게 영향을 줄 수 있을까?

1884년 1월 22일, 모스크바에서

* Paul Biryukoff의 저서 『The Life of Tolstoy』(Cassell &Co., Ltd.사 1911년 158-164쪽) 참고

/옮긴이의 말/ 조병준

그리스도 안에서의 진정한 안식을 찾아서

이 책에 소개된 톨스토이 단편들은 그리스도인으로서 그의 신앙과 신학, 문학을 잘 표현한 짧은 글 긴 이야기이다. 물질주의와 성공지상주의에 물든 현대의 교회와 종교인들에게 경종을 울리는 메시지가 담겨 있으며, 인생의 참 행복과 참 가치가 어디 있는지 일깨우고 있다.

이 책 『빛이 있는 동안 빛 가운데로 걸으라』는 요한복음 12장 35절의 말씀, '예수께서 이르시되 아직 잠시 동안 빛이 너희 중에 있으니 빛이 있을 동안에 다녀 어둠에 붙잡히지 않게 하라 어둠에 다니는 자는 그 가는 곳을 알지 못하느니라'를 모티브로 한 이야기이다. 더불어 여덟 편의 단편들은 톨스토이의 영적 방황과 기독교에의 회심을 그린 글이기도 하다.

톨스토이는 그의 『고백록』에서 이렇게 말한다.

"나는 지난 오십오 년을 살아오는 동안 약 십오 년을 빼놓고는 기쁨이나 행복이나 안식을 알지 못하고 살았다. 내가 열여덟 살 되던 해, 한 친구가 내게 찾아와서 신이 인간을 만든 것이 아니라 인간이 신을 만들었다고 설득했고, 그 설득에 매료되어 기독교를 버리기로 결심했다. 종교는 포기하는 것이 자유라고 생각했다. 종교를 포기하는 것이 안식이라고 생각했다. 나에게 종교가 속박처럼 느껴졌기 때문이다. 그러나 이제 내 나이 쉰다섯 살, 나는 신앙의 품으로 돌아왔다. 이것은 단순히 종교로 돌아온 것이 아니라 그리스도께로 돌아온 것이다. 그리고 그리스도 안에서 나는 생애 처음으로 진정한 안식을 발견했다."

그래서 로맹 롤랑은 '모든 작품 중 이 작품 속에서 톨스토이의 가장 맑고, 바로 영혼 속으로 스며드는 날카롭고 엷은 회색의 눈동자를, 그리고 모든 사람의 영혼 속의 신(神)을 보는 눈길을 느낀다'고 했다.

톨스토이의 작품들은 이미 우리에게 너무나 잘 알려져 있다. 대작 『부활』, 『안나 카레니나』, 『전쟁과 평화』뿐만 아니라 무수히 많은 단편들과 희곡, 자서전과 고백록 등이 있다. 어느 것 하나 인생의 의미와 톨스토이 자신의 철학을 담지 않은 글이 없다. 또한 톨스토이의 많은 책이 여러 출판사를 통해 다양한 형태로 출간되었다.

그러나 이 책의 단편들은 톨스토이가 오십 세를 넘긴 나이에 기독교로 회심하면서 영적 방황을 마치고 삶의 본질을 알게 된 후 쓴 신앙고백이며, 신앙적 관점에서 쓴 글이라고 할 것이다.

이 책에 수록된 여덟 편의 단편들은 톨스토이가 하나님의 사랑을 알게 된 후 써 내려간 소설적 기법의 메시지이다.

이 단편들을 번역하면서 큰 은혜를 받았다. 신학을 공부하며 주의 종으로 살고자 하는 사람으로서 부끄러운 고백이지만, 세상과 사람들의 모습을 보면서 '과연 하나님이 계신 건가? 과연 그분은 전지전능하신가?' 하는 의문을 완전히 떨치지 못했다.

그것은 신학자들이 말하는 성경의 해석방법론이나 역사적 고증에 의한 성서비평 등과 같은 지적인 회의론 때문이 아니었다. 지구촌 곳곳에서 일어나는 참혹한 모습들, 기아와 천재지변과 전쟁과 질병으로 인한 도저히 눈물 없이 볼 수 없는 참상들, 그런가 하면 용서할 수 없는 인간들이 버젓이 활개를 치며 살아가는 부조리한 현실을 목도할 때마다 가슴에 이는 단상인 것이다. 더욱이 오늘날 한국 기독교의 현실을 보면 너무나 외형적 성장에 치우치고, 세상과 타협하고, 물질주의에 젖어 있는 것을 볼 때 과연 그 안에 예수 그리스도가 우리에게 전하고자 하는 참사랑이 살아 있을 수 있는지 의구심이 드는 것이 솔직한 심정이었다.

그런데 톨스토이의 단편들을 통해 그런 가슴 답답한 의문이 좀 더 해갈되었다. 이제 단순히 대문호로만 알았던 톨스토이를 신앙의 대선배로, 믿음의 영적 멘토로 삼을 수 있게 된 것에 감사한다.

톨스토이는 작품을 통해 예수의 사랑이 어떤 것인지를 우리에게 전한다. 그것은 고차원의 신학적 설명도 아니고, 수도원의 깊은 영성에서 나오는 경건주의도 아니다. 그저 평범한 일상 가운데 내 손을 뻗어 실천할 수 있는 작은 사랑을 말한다. 빵 한 조각을 나누고 시원한 물 한 잔을 건네는 손길을 말한다.

이 책은 삶과 사랑, 믿음을 주제로 나누었다. 그리스도인의 삶의 모습이 어떤 것인가, 하나님의 사랑이란 무엇인가, 나의 삶을 지탱해 주는 믿음은 어떤 것인가를 묵상하는 기회로 삼았으면 하는 바람이다. 단편들의 마지막 부분에 짧은 묵상글을 담았다. 독자들과 함께 공유하고 서로 다른 생각을 나누는 즐거움이 있기를 기대한다.

- Walk in the Light and Twenty-three tales(Leo tolstoy, ORBIS BOOKS)중에서 발췌 번역.
- 성경은 개역개정판을 기준했습니다.

/ 차례 /

책머리에 _톨스토이의 신앙고백 4

옮긴이의 말 7

1부 삶에 대하여

있는 자들의 한가한 대화 15

빛이 있는 동안 빛 가운데로 걸으라 27

일리야스 130

2부 사랑에 대하여

사람은 무엇으로 사는가 143

사랑이 있는 곳에 하나님이 계신다 190

3부 믿음에 대하여

세 은자 219

회개하는 죄인 235

하나님은 진실을 아시지만 기다리신다 242

부록 _톨스토이 작품 목록 261

Leo Nikolaievitch Tolstoy　　1부

삶에 대하여

밤이 깊고 낮이 가까웠으니 그러므로 우리가
어둠의 일을 벗고 빛의 갑옷을 입자
낮에와 같이 단정히 행하고 방탕하거나 술 취하지 말며
음란하거나 호색하지 말며 다투거나 시기하지 말고
오직 주 예수 그리스도로 옷 입고 정욕을 위하여
육신의 일을 도모하지 말라

_로마서13:12-14

Leo Nikolaievitch Tolstoy

있는 자들의 한가한 대화
_앞으로 펼쳐질 이야기를 위하여

어느 날, 한 저택에 몇몇 사람들이 모여 삶에 대하여 진지하게 대화를 나누었다.

너나 할 것 없이 이야기를 나누었는데, 아쉽게 자신의 삶에 대해 만족하는 사람은 아무도 없었다. 지금 행복하다거나 그리스도인으로서 온전한 삶을 살았다고 자랑하지 못했다. 그저 자신과 가족들을 위해 분주하게 살았다고 했으며, 이웃을 돌이볼 겨를이 없었고, 하나님에 대해서는 말할 것도 없음을 고백했다.

그들의 고백은 한결같았다. 죄 가운데 비그리스도인과 다름이 없는 삶을 살아서 비난받아 마땅하다고 했다.

"그렇다면 왜 그렇게 살고 있는 거죠?"

한 청년이 외치듯 말했다.

"왜 스스로 부정하는 삶을 살고 있을까요? 자신의 삶을 변화시킬 힘이 없는 건가요? 사치와 연약함, 물질적인 풍요, 또 무엇보다 다른 사람과 자신을 구별 짓는 교만함 때문이라고 인정하고 있습니다. 명예와 부를 추구하면서 기뻐하는 것들에 대해 버려야 합니다. 도시로 몰려들면서 수많은 쾌락거리에도 불구하고 권태롭고 우울하며, 자책하다가 후회하며 죽어갑니다."

"왜 그렇게 살아갈까요? 스스로 삶과 하나님이 주신 선한 것들을 망쳐 가면서 말입니다. 더 이상 지금처럼 살고 싶지 않습니다. 이제까지 하던 공부도 그만둘 것입니다. 지금처럼 불평하며 똑같이 고통스러운 삶을 살아갈 뿐이니까요. 지금 제가 가진 모든 재산을 포기하고 시골에서 가난한 사람들과 함께 살겠습니다. 그들과 함께 일하면서 노동을 배울 것입니다. 제가 배운 지식이 조금이라도 그들에게 도움이 된다면 제도나 책을 통해서가 아니라 가족처럼 함께 살아가면서 나눌 것입니다."

"네. 저는 결심했습니다."

청년은 그 자리에 함께하고 있던 아버지의 눈치를 살피며 덧붙였다.

"그럼, 그러한 도전은 가치 있는 일이긴 하지."

청년의 아버지가 말을 이어갔다.

"경솔하고 무분별한 것이기도 하구나. 네가 인생을 모르기 때문에 그렇게 쉽게 말할 수 있는 거란다. 선(善)으로 보이는 것은 세상에 참 많단다. 그것을 실행하는 것은 복잡하고 어려운 일이다. 이미 다져진 길을 잘 가는 것도 쉬운 일이 아닌데 새로운 길을 만들어 가는 것은 더더욱 어려운 일이지. 새로운 길은 선각자들만이 만들어 갈 수 있단다. 네게 인생의 새로운 길이 쉽게 보이는 것은, 아직 인생을 이해하지 못하기 때문이야. 그것은 경솔함과 젊은 혈기에서 나온 것인 줄 안다. 너의 충동적 행동을 절제시키고 잘 지도할 필요가 있는 것 같구나. 노인들의 지혜를 얻으려면 청년들은 노인을 잘 따라야 하겠지. 네 앞에는 창창한 앞날이 놓여 있단다. 한창 자라고 발전해 가는 중이지. 학업을 마치고 세상 물정을 익히도록 해라. 네 두 발로 우뚝 서서 견고한 확신을 가져라. 그런 다음 네 스스로 새로운 길을 갈 만큼 힘이 있다고 생각될 때 그때 출발해라. 그러나 지금은 스승들에게 순종하고 새로운 길을 나설 생각을 하지 마라."

청년은 조용해졌고 나이 든 사람들이 아버지 말에 동의했다.

"어르신 말씀이 맞습니다."

한 중년 남자가 청년의 아버지를 돌아보며 말했다.

"청년들이 경험이 부족하고, 인생에서 새로운 길을 찾을 때

" 노인들의 지혜를 얻으려면 청년들은 노인을 잘 따라야 하겠지. 네 앞에는 창창한 앞날이 놓여 있단다. 한창 자라고 발전해 가는 중이지. 학업을 마치고 세상 물정을 익히도록 해라. 네 두 발로 우뚝 서서 견고한 확신을 가져라. 그런 다음 네 스스로 새로운 길을 갈 만큼 힘이 있다고 생각될 때 그때 출발해라. 그러나 지금은 스승들에게 순종하고 새로운 길을 나설 생각을 하지 마라."

실수를 반복하며, 결심한 것들이 확고하지 못하다는 점은 사실입니다. 하지만 우리의 삶이 양심에 반하고, 우리가 행복하지 않다고 공감하고, 이러한 삶으로부터 탈출해야 한다는 것을 인식하고 있습니다. 저 청년의 경우는 자칫 현실적이지 못하여 실패할 수 있겠지만, 이제 청춘이라고 말할 수 없는 제가, 오늘 저녁 저 청년의 생각에 공감합니다. 제 삶은 행복하지 않고 전혀 마음의 평안을 누리지 못하고 있습니다. 제 경험이나 이성, 어느 것도 다를 바가 없어요. 더 이상 무엇을 바라고 살아야 할까요? 아침부터 밤까지 가족을 위해 치열하게 살고 있지만 그 결과는 더욱 타락한 삶을 살아가고 점점 더 죄악 가운데 빠져 가는 삶을 보여줄 뿐입니다. 가족을 위해 일한다고 하지만 가족의 삶은 달라지는 게 없어요. 가족을 위해 올바른 일을 하고 있지 않기 때문입니다. 그것이 바로 제가 오늘 청년이 제안한 것처럼 제 삶을 완전히 바꾸어야 한다고 늘 마음속에 생각해 온 이유입니다. 말하자면 아내와 아이들로 인한 끊임없는 근심으로부터 자유로워지고 제 영혼이 원하는 것에 집중하기로 한 것입니다. 이제야 저는 사도 바울이 말씀하신 '장가간 자는 세상 일을 염려하여 어찌하여야 아내를 기쁘게 할까 하며 장가가지 않은 자는 주의 일을 염려하여 어찌하여야 주를 기쁘시게 할까 하되'라는 말씀의 뜻을 이해할 것 같습니다."

그가 말을 채 끝내기 전에 그의 아내와 그 자리에 있던 여자들이 그를 공격하기 시작했다.

"좀 더 일찍 그런 생각을 하시지."

나이가 지긋한 여자가 말했다.

"당신에겐 인생의 멍에라는 게 있어요. 사람들은 가족을 부양하는 일이 힘들게 느껴질 때 당신처럼 일을 그만두고 영혼을 구원하고 싶다고 말하지요. 그것은 잘못되고 비겁한 행동이에요. 그럼요! 결혼한 남자는 가족을 이끌고 경건한 삶을 꾸려 나갈 수 있어야 해요. 물론 당신 자신의 영혼만 구원하는 것이 훨씬 쉽겠지만 예수님은 그렇게 가르치지 않으셨어요. 하나님은 우리에게 다른 사람을 사랑하라고 명하셨지요. 그러나 당신의 태도는 하나님의 이름으로 다른 사람을 해치는 꼴이에요. 그래선 안 돼요. 결혼한 남자는 자신이 짊어진 절대적 의무를 피하려고 해선 안 돼요. 가족들이 자라서 각자 살아갈 정도로 자립한 다음이라면 다르겠지만. 그렇더라도 강요할 수 없는 거예요."

그러나 앞에 말했던 그 남자는 동의하지 않았다.

"가족을 포기하겠다는 얘기가 아닙니다."

그는 말을 이었다.

"아이들이 세상적인 방식으로 양육되어서는 안 된다는 겁니다. 방금 우리들이 나눈 말처럼 나만의 즐거움을 위해 살아가는 방식 말입니다. 일찍부터 배고픔과 노동, 그리고 다른 이들을 섬기는 일에 익숙하게 자라고, 사람들과 형제자매가 되어 살아가도록 양육되어야 한다는 겁니다. 그것을 위해 우리가 가진 부와 다른 이들과의 차별적 지위를 누리는 것들을 버려야 하는 겁니다."

"자신이 경건한 삶을 살지 않는다고 해서 다른 사람들을 혼란스럽게 만들 필요는 없어요."

그의 아내가 짜증스럽게 말했다.

"당신은 젊었을 때 하고 싶은 것들을 실컷 누리고 즐겼으면서 이제 와서 아이들과 가족에게 고통을 주려는 거죠? 아이들이 편안하게 자라도록 놔두세요. 당신이 억지로 요구하지 않아도 훗날 아이들이 알아서 원하는 삶을 찾아가도록 말이에요!"

남편은 입을 다물었고, 나이가 지긋한 한 남자가 입을 열었다.

"결혼한 남자가 가족을 위해 제공해 오던 것을 갑자기 박탈할 수 없다는 사실을 받아들입시다. 사녀들을 교육시키려면 모든 것을 중단하기보다 그것을 끝내는 것이 더 나은 게 사실입니다. 아이들이 성장한 후에는 자신들에게 최상이라고 생각되는 길을 선택할 테니까요. 가장인 남자에겐 죄를 짓지 않고 삶의 방식을 바꾼다는 것은 어렵고, 어쩌면 불가능할지도 모릅니다. 그러나 노인들에게는 하나님이 명령입니다. 저는 지금 어떠한 책임도 지지 않고 살아가고 있습니다. 날마다 배를 채우기 위해 먹고 마시고 또 쉼을 누리는 삶의 반복이지요. 솔직히 말씀드리면 이젠 제 자신이 역겹고 혐오스럽기까지 합니다. 이제 그런 삶을 버리고 재산을 사람들에게 나누어 준 후 얼마 안 남은 삶이지만 죽는 그날까지 하나님이 명하신 그리스도인으로서의 삶을 살다 가야겠다고 생각하고 있습니다."

다른 사람들은 노인의 말에 동의하지 않았다. 노인의 조카딸이자 대모(代母)가 자리에 있었는데, 노인은 그녀와 그 자녀 모두에게 후원자로서 특별한 날이 되면 선물을 주곤 했다. 노인의 아들 역시 그 자리에 있었는데 두 사람 모두 노인의 생각에 반대했다.

"안 됩니다!"

그의 아들이 말했다.

"아버지는 평생 열심히 일해 오셨고 이제 편히 쉬셔야 할 때입니다. 지난 육십 년간 나름대로 삶의 습관을 지켜 오셨는데 지금 그것들을 바꾸려 해서는 안 됩니다. 쓸데없이 스스로 힘들게 만들 필요 없습니다."

"맞아요."

그의 조카가 거들었다.

"숙부님은 환경이 바뀌면 더 불편해질 뿐 아니라 건강이 안 좋아지실 겁니다. 불평이 늘어나고, 그러다 보면 전보다 더 죄를 짓게 될 수 있지요. 하나님은 자비로우셔서 모든 죄인을 용서하는 분이세요. 숙부님처럼 친절한 노인은 말할 것도 없지요!"

"아무렴, 그런데 왜 하필 당신이 그래야 하는 거요?"

같은 연배의 노인이 말을 거들었다.

"당신과 나는 이제 얼마 못 살 텐데, 왜 굳이 새로운 삶을 시작해야 한단 말이오?"

"참 알 수 없는 일이네요!"

여태껏 조용히 있던 한 손님이 소리쳤다.

"참 묘한 상황이군요! 지금까지 하나님이 우리에게 명하신 것처럼 삶을 사는 것이 좋다고 말했습니다. 한편 속물적인 악한 삶으로 인해 영혼과 육체가 고통당하고 있음을 하소연했구요. 그런데 정작 현실적으로 실행에 옮겨야 할 상황이 되자 자녀를 혼란하게 해서는 안 되고, 경건한 풍속에서 양육되시도 안 되고, 과거의 방식대로 살아야 한다는 것으로 바뀌어 버리네요. 결혼한 남자는 그의 부인과 자녀를 힘들게 하면 안 되고, 경건한 방식이 아니라 과거의 방식대로 살아야 한다는 겁니다. 그리고 노인이 되어서는 아무것도 새로 시작할 필요가 없다고 하는군요.

그들은 새로운 것에 익숙해져 있지 않고 살날이 얼마 남지 않았기 때문이라고. 결국 우리 중 누구도 올바르게 살아갈 가능성은 없는 것처럼 보이는군요. 그저 말만 늘어놓을 뿐……."

1893년

Q T | 있는 자들의 한가한 대화
A Talk among Leisured People

<u>우리는 두 얼굴의 그리스도인입니까?</u>

톨스토이는 단편 「있는 자들의 한가한 대화」를 통해 인간의 이중적인 면을 적나라하게 드러낸다. 어쩌면 그날 저녁 그 모임은 간증의 시간이었을지도 모른다. 모인 사람들이 대부분 크리스천이고 자신의 삶을 돌아보며 하나님의 은혜에 대한 고백과 자신의 연약함에 대한 회개와 죄의 고백 등이 각자의 입을 통해 터져 나온 시간이었을 것이다.

우리에게 그런 시간이 얼마나 많은가. 가슴 속에 막히고 응어리졌던 것들이 아마 그 시간 시원하게 터지고 풀어지며 해소되었을 것이다.

그런데 그 이후 우리의 삶은 어떤가? 변화가 있는가? 모임을 마치고 주차장에서, 그리고 돌아오는 도로에서 작은 충돌에 흥분하고 지지 않으려 다투는 것이 우리의 모습 아닌가?

톨스토이는 그보다 더 심각한 우리의 모습을 꼬집는다. 다른 이의 신앙과 삶을 하나님으로부터 끌어내리려는 악한 모습이다. 자신만 못하면 그나마 봐주겠건만 다른 이가 하겠다는 것까지도 가로막는다.

왜? 그것은 자신의 모습이 합리화되지 않기 때문이다. 자신의 입으로 과거에 지은 죄를 고백하고 은혜를 감사하는 것은 누구나 다 할 수 있지만 누군가 자신의 삶을 온전히 하나님을 위해 바치겠다고 할 때 그것이 나의 고백의 진실성을 훼손하고 믿음의 연약함을 적나라하게 드러내는 고발장이 된다고 생각하기 때문이다. 내가 그어 놓은 마지노선 안에서만이 우리는 용납하고 사랑을 나누고 베푸는 자가 된다. 그 선을 넘어서면 가차 없이 정죄하고 짓밟아 버린다. 오히려 믿지 않는 자들보다 더 무섭다.

우리는 대부분 그리스도인의 삶을 온전하게 살아내지 못한다. 자녀로 인해, 배우자로 인해, 그리고 가장으로서 또한 사회인으로서의 역할과 책임으로 성경적 삶에 가까이 다가가기 어렵다.

이 시대에 참 그리스도인이 존재하는가? 마치 톨스토이의 질문이 이 단편에서 세미한 음성으로 들리는 듯하다.

빛이 있는 동안 빛 가운데로 걸으라
_초기 기독교 시대 이야기

1

예수 그리스도의 탄생으로부터 백여 년이 지난 후 로마의 트라얀 황제가 그 땅을 지배하고 있던 때에 일어난 이야기이다. 아직 사도들의 제자들이 살아 있었고, 그들은 「사도행전」에서 전해지는 것처럼 예수의 가르침을 굳게 지키고 있었다.

믿는 무리가 한 마음과 한 뜻이 되어 모든 물건을 서로 통용하고
자기 재물을 조금이라도 자기 것이라 하는 이가 하나도 없더라
사도들이 큰 권능으로 주 예수의 부활을 증언하니 무리가 큰 은

> 해를 받아 그 중에 가난한 사람이 없으니 이는 밭과 집 있는 자는 팔아 그 판 것의 값을 가져다가 사도들의 발 앞에 두매 그들이 각 사람의 필요를 따라 나누어 줌이라 _사도행전 4:32-35

길리기아 지방 다소라는 도시에 한 부유한 시리아 상인이 있었다. 그의 이름은 유베날리우스였으며 보석을 사고파는 일을 했다. 그는 가난하고 비천한 집안에서 자랐으나 부지런하고 사업에 수완이 있어 돈을 많이 벌었을 뿐만 아니라 주위 사람들로부터 존경받는 인물이었다.

정규교육을 받지 못한 유베날리우스는 여러 나라를 다니며 많은 것을 보고 배운 덕분에 사람들로부터 칭찬받았으며 능력과 성실성을 인정받았다. 로마 제국의 대다수 시민들이 가지고 있던 다신교에 대한 신앙고백을 하였고, 아우구스투스 황제 시대부터 오늘날 트라얀 황제에 이르기까지 엄격하게 시행되어 온 그들의 종교의식을 따랐다.

로마에서 멀리 떨어졌으나 길리기아는 로마의 통치 방식에 따라 파견된 관리가 그대로 따라했으므로 로마에서 행해진 모든 것이 길리기아에서 그대로 행해졌다.

유베날리우스는 어린 시절 네로 황제가 로마에서 자행한 일들에 대해 들었던 기억이 있었으며, 그 후 황제들이 차례대로 어떻게 멸망해 갔는지를 보았다. 로마의 종교가 성(聖)스러움과는 거리가 멀다는 것을 잘 알고 있었고, 모두 인간이 꾸며낸 작품이라는 사실을 간파하고 있었다. 하지만 그는 영리한 사람이라 기존의 통치 체제에 대항하는 것이 얼마나 무익한 것인지, 또한 자신의 평안을 위해 질서에 순종하는 편이 유익하다는 것을 잘 알고 있었다. 한편 그를 둘러싼 주변에서 일어나는 삶의 허망함, 특히 사업을 위해 여러 차례 다녀 온 로마에서 일어난 일들은 번번이 그를 당혹스럽게 만들기도 했다. 유베날리우스는 의혹을 품었지만 전체를 파악할 수 없었고, 그것이 자신의 배움이 부족한 탓이라고 여겼다.

그는 결혼해서 네 아이를 가졌는데 세 아이는 어린 나이에 죽고 오직 아들 하나, 줄리어스만이 살아남았다. 유베날리우스는 아들에게 모든 사랑과 관심을 쏟았다. 자신이 혼란스러웠던 것처럼 아들이 삶에 관한 의문으로 힘들지 않도록 공부하기를 원했다.

유베날리우스는 아들 줄리어스가 열다섯 살이 되던 해, 그 도시에서 청년들을 가르치고 있는 한 철학자에게 위탁했다. 아들의 친구이자 자신이 해방시킨 노예의 아들인 팜필리우스도 함께 철학자에게 보냈다. 둘은 동갑내기였으며 잘생기고 멋진 친구 사이였다. 그들은 열심히 공부했고 잘 교육받았다. 줄리어스는 시와 수학에서 탁월했고, 반면 팜필리우스는 철학에서 돋보였다.

그런데 학업을 마치기 일 년 전, 팜필리우스는 홀어머니가 다프네로 옮겨 가게 되어 학업을 중단하게 되었다고 스승에게 알려 왔다. 스승은 자신이 아끼던 학생을 잃게 되어 서운해 했고 유베날리우스 역시 안타까웠다. 누구보다 마음 아픈 것은 줄리어스였다. 하지만 그 무엇도 팜필리우스를 남아 있게 할 수 없었고, 친구들의 우정과 사랑에 감사하며 팜필리우스는 떠나갔다.

그 후 이 년이 지났다. 줄리어스는 학업을 마쳤고 그동안 친구를 보지 못했다.

그러던 어느 날, 거리에서 우연히 팜필리우스를 만나 집으로 초대하게 되었다. 줄리어스는 그에게 그동안 어디서 어떻게 지냈는지 이것저것 물었고, 팜필리우스는 어머니와 함께 여전히 같은 곳에 살고 있다고 대답했다.

"우리는 혼자가 아니야."

그가 말했다.

"여러 친구들과 함께 모든 것을 공유하면서 살아가고 있어."

"공유?"

줄리어스가 물었다.

"무엇이든 특정인의 것이 아니라 우리 모두의 소유로 생각한다는 거지."

"그 이유가 뭐지?"

"그리스도인이기 때문이지."

팜필리우스가 대답했다.

"저런!"

줄리어스는 소리치며 말했다.

"듣기로 그리스도인들은 아이들을 잡아먹는다고 하던데! 네가 그런 사람들과 함께 산다는 거야?"

당시 그리스도인이 되는 것은 오늘날 무정부주의자가 되는 것과 동일한 것이었다. 그리스도인으로 판정되면 그는 곧바로 감옥에 던져지고, 그가 믿음을 포기하지 않으면 사형에 처해지던 때였다.

"직접 와서 확인해 봐."

팜필리우스가 대답했다.

"우리는 이상한 짓을 하지 않아. 나쁜 짓이라곤 어떤 것도 하지 않으려 노력하며 소박하게 살고 있어."

"하지만 아무것도 소유하지 않고 어떻게 살아갈 수 있다는 거지?"

"살 수 있어. 우리가 형제를 위해 일하면 그들 역시 우리를 위해 일하기 때문이야."

"그러나 네 형제가 너의 노동을 취하기만 하고 아무것도 주지 않는다면 어떻게 되는 거지?"

"그런 일은 일어나지 않아."

팜필리우스는 말했다.

"그렇게 호사스럽게 살기를 원하는 친구들은 우리에게 오지 않을 거야. 우리의 삶은 단순하고 소박하거든."

"그렇지만 무위도식하기를 좋아하는 게으른 친구들도 많이 있는 게 사실이잖아."

"그렇긴 하지. 그렇지만 우리는 그들도 기꺼이 받아들이고 있어. 최근에 그런 부류의 친구가 들어왔어. 도망쳐 나온 노예였지. 사실 그는 게으르고 나쁜 습관을 갖고 있었어. 그러나 곧 그의 습관이 바뀌었고 지금은 훌륭한 형제가 되어 있지."

"개선되지 않았다면?"

"그럴 수도 있지. 그런 친구들 역시 키릴 장로님 말씀으로는 누구보다 귀한 형제로 대해 주고 더욱 사랑해야 한다고 말씀하셨어."

"어떻게 쓸모없는 인간을 사랑할 수 있다는 거지?"

"인간은 인간을 사랑하도록 지어진 존재거든."

"그렇지만 어떻게 요구하는 것을 모두 들어줄 수 있는 거지?"

줄리어스는 물었다.

"우리 아버지가 사람들이 요구하는 대로 모두 들어주었다면 그는 벌써 빈털터리가 되었을 거야."

"글쎄, 그건 잘 모르겠지만……."

팜필리우스가 계속해서 말했다.

"우리는 필요한 만큼 충분히 갖고 있고, 우리에게 먹고 입을 것이 하나도 남지 않는다면 다른 사람들에게 부탁할 것이고, 그들은 기꺼이 줄 거야. 그러나 그런 일은 거의 일어나지 않아. 내 경우는 전에 딱 한 번 저녁 식사를 거르고 잠자리에 든 적이 있었는데, 그때는 너무 피곤하고 누구에게 부탁하고 싶은 마음이 생기지 않아서였지."

"나로선 네 생활을 이해할 수가 없는데?"

줄리어스가 말했다.

"아버지의 말에 의하면, 갖고 있는 것을 잘 모으지 않고 누가 요구하는 대로 줘 버린다면 머지않아 굶어 죽는 일이 벌어질 거란 거지."

"그렇게 되지 않아! 와서 한번 보라고. 우리는 궁핍으로 힘들어 하지 않을 뿐더러 오히려 넉넉히 살아가고 있어."

"어떻게 그럴 수 있지?"

"잘 들어 봐. 우리는 하나의 동일한 신앙을 고백하고 있어. 물

「 우리 중 몇몇은 키릴 장로와 그의 부인 펠라지아처럼 지도자로 있고, 어떤 이들은 그들 뒤를 따르고, 또 어떤 이는 한참 뒤에 서 있지만 모두 같은 길을 따르고 있는 거지. 앞에 있는 사람들은 이미 그리스도의 법을 충족하는 단계에 가 있고, 그것을 위해 생명을 바칠 준비가 되어 있지 」

론 믿음을 실행하는 힘은 사람마다 다르긴 하지. 어떤 사람은 그 힘이 많은 반면, 어떤 사람은 부족하기도 하고 어떤 사람은 인생의 참된 길을 향해 한참 나아간 반면, 어떤 사람은 이제 막 시작하려는 사람도 있지. 하지만 우리 모두의 앞에는 예수 그리스도가 그의 생명과 함께 서 있고, 그를 본받으려 노력하고 오직 그분 안에서만 행복을 발견할 수 있지.

우리 중 몇몇은 키릴 장로와 그의 부인 펠라지아처럼 지도자로 있고, 어떤 이들은 그들 뒤를 따르고, 또 어떤 이는 한참 뒤에 서 있지만 모두 같은 길을 따르고 있는 거지. 앞에 있는 사람들은 이미 그리스도의 법을 충족하는 단계에 가 있고, 그것을 위해 생명을 바칠 준비가 되어 있지. 그들은 아무것도 바라지 않아. 자신을 아끼지 않고 그리스도의 법에 따라 원하는 자에게 그들이 가진 마지막 하나까지 기꺼이 나눠 주려 하지. 몇몇 연약한 사람들은 입는 옷과 먹을 것이 부족할 때 믿음이 약해져서 흔들리는 모습을 보이고, 가진 것을 모두 나누려 하지 않지.

이제 막 믿음의 길에 들어선 더 연약한 사람들도 있어. 이들은 여전히 과거의 방식 속에 살고 있고 자신들을 위해 더 많이 챙기고 그저 남는 것만을 나누려 하지. 그런데 이들이 바로 선두에 선 사람들에게 물질적인 후원을 가장 많이 하는 사람들이라는 거야. 이외에 이교도들과 친족 관계로 얽혀 있는 경우가

많기도 해. 한 남자의 아버지는 재산이 많은 이교도인데 아들에게 재산을 물려주었지. 아들은 그것을 필요한 사람들에게 나눠 주고, 아버지는 또 그에게 주는 경우야. 다른 경우는 이교도인 어머니가 그녀의 아들을 불쌍히 여기고 그를 돕는 경우야.

세 번째는 이교도 자녀의 어머니인데, 자식들은 어머니를 돌보고 어머니에게 필요한 것들을 공급하면서 어머니에게 그것들을 다른 이에게 나눠 주지 말라고 부탁하는 경우야. 그러나 그 어머니는 그들이 준 것을 사랑으로 받아 다른 이들에게 나눠 주고 있어. 그런가 하면 이교도 부인을 가진 경우, 또 반대로 이교도 남편을 가진 경우도 있어.

이렇게 우리는 얽혀 있고, 따라서 맨 앞에 있는 사람들은 기꺼이 모든 것을 내주려 해도 그렇게 할 수 없는 거야. 그게 바로 믿음이 약한 사람들도 신앙생활이 너무 힘들지 않고 또 우리에게 나눠 줄 수 있는 재물이 넘치는 이유인 것이지."

이에 대해 줄리어스가 말했다.

"그렇다면, 너는 예수님의 가르침을 지키지 못하고 그렇게 하는 척만 하는 것 아닌가. 네가 모든 것을 포기하지 못한다면 너와 우리 사이에 무슨 차이가 있는 거지. 내 생각에 그리스도인이라면 그는 예수의 완전한 법을 충족할 수 있어야 하고 모든 것을 포기함으로써 결국 극빈자가 되어야 할 거라고 보는데."

"그것이 최상의 모습일 거야."

팜필리우스가 말했다.

"그렇게 해보지 않겠니?"

"그래, 네가 하는 것을 보면 그렇게 하지."

"우리는 보여주기 위해 무언가 하려는 게 아니야. 네가 우리에게 와서 누군가에게 보여주기 위해 현재의 삶의 방식을 포기하도록 권하는 것이 아니라구. 우리는 남에게 보이기 위해서가 아니라 믿음에 따라서 행하는 거야."

"믿음을 따라? 그게 무슨 뜻이지?"

"믿음을 따른다는 것은 세상의 악으로부터, 죽음으로부터의 구원이 단지 예수 그리스도의 가르침에 따른 삶 속에서만 이루어진 것을 믿는다는 의미이지. 사람들이 우리를 어떻게 말하는가에는 관심 없어. 사람에게 인정받기 위해 행동하는 것이 아니라 이 안에서만이 생명과 행복을 보기 때문이야."

"자기 자신을 위해 살아가지 않는다는 것은 불가능해,"

줄리어스가 말했다.

"신들은 우리 안에 다른 사람보다 자신을 더욱 사랑하고 자신을 위한 기쁨을 추구하도록 만들어 놓았어. 너 역시 그렇게 행동하고 있지. 너희들 중에 자신에 대해 연민을 느끼는 사람들이 있다고 말하잖아. 너희도 점점 더 자신의 기쁨을 추구할 거야.

믿음을 포기하고 우리처럼 행동하게 될 거야."

"그렇지 않아."

팜필리우스가 말했다.

"우리 형제들은 다른 길을 여행하고 있어. 약해지는 것이 아니라 더욱 강해질 거야. 마치 불길 앞에 나무가 놓여 있는 한 불길이 꺼지지 않는 것처럼 말이야. 그것이 우리의 믿음이야."

"너희들의 믿음이라는 것을 도저히 이해할 수 없는데!"

"우리 믿음은 예수님이 우리에게 말씀하신 바와 같이 삶을 이해하는 것으로 이루어지게 되어 있어."

"어떻게 그래?"

"예수님이 비유로서 말씀하셨지. 어떤 사람들이 포도원 주인에게 삯을 내고 포도원을 관리하고 있었어. 마치 이 세상을 살아가는 우리가 하나님의 뜻대로 행함으로써 하나님에게 빚진 것을 갚는 것처럼 말이야. 그러나 이 사람들은 세속적 믿음과 같이, 포도원이 그들 자신의 것이라고 생각하고 삯을 낼 필요가 없다고 생각했지. 열매를 즐기기만 할 뿐 말이야. 주인이 그들에게 포도원 삯을 거두기 위하여 사람을 보냈는데 그들은 그를 내쫓아 버렸어.

주인은 다시 그의 아들을 보냈지. 그러자 그들은 그 아들조차 죽이고, 앞으로 자신들을 방해할 사람이 없을 거라는 생각했지.

그것이 세속적 믿음이야. 우리의 생명은 오직 하나님을 섬기기 위해 주어진 것이라는 사실을 깨닫지 못하는 세상 사람들의 믿음 말이야. 예수님은 주인의 심부름꾼과 아들을 포도원 밖으로 내쫓고 포도원 삯을 피하려고 한 이런 세속적 믿음이 잘못된 것이라고 가르치셨지. 왜냐하면 포도원 삯을 지불하거나 포도원을 나가는 것 외에 다른 방법이 없기 때문이야. 또한 우리가 즐거움이라고 부르는 것들, 먹고 마시고 즐기는 모든 것들이 우리의 삶을 지배한다면 결코 즐거움이 될 수 없고, 참된 즐거움은 우리가 그 안에서 하나님의 뜻에 부합한 삶을 살고자 할 때 찾아온다고 가르치셨지.

그 뜻을 실천할 때만이 자연스런 보상으로서 기쁨이 따라온다는 말씀이지. 하나님의 뜻을 이루기 위한 노력 없이 기쁨을 누리려는 것은 책임 없이 기쁨을 누리려는 것이며, 뿌리 없이 꽃을 옮겨 심는 것과 같은 것이야. 우리는 이것을 믿고, 그래서 진리를 볼 때 잘못된 길을 따를 수 없는 거야. 믿음은, 인생의 선이라는 것은 그 자체의 즐거움에 있는 것이 아니라 현재나 미래의 즐거움을 생각하지 않고 하나님의 뜻을 이루고자 할 때 가능한 것이지. 더 오래 살면 살수록 바퀴가 채를 쫓듯이 하나님의 뜻을 실현한 결과로 더욱 기쁨과 선을 보게 될 거야. 예수님은 말씀하시기를 '수고하고 무거운 짐 진 자들아 다 내게로 오라 내가 너희를 쉬게 하리라 나는 마음이 온유하고 겸손하니 나의 멍에를 메고 내게 배우라 그리하면 너희 마음이 쉼을 얻으리니 이는 내 멍에는 쉽고 내 짐은 가벼움이라'고 하셨어."

줄리어스는 팜필리우스의 말을 듣는 동안 마음에 잔잔한 감동이 왔다. 그러나 그가 말하는 것이 명확하게 이해되지 않았다. 처음에 팜필리우스가 그를 속이는 것이 아닌가 생각했으나 그의 다정한 눈빛을 보았을 때, 그리고 그의 호의가 기억나자 팜필리우스가 오히려 자기 자신을 속이는 것이 아닌가 하는 의혹이 일기도 했다.

팜필리우스는 줄리어스에게 자신들이 살아가는 방식을 보러 오도록 초청했고, 좋다면 함께 살 것을 권했다. 줄리어스는 그러겠노라 약속했다. 하지만 그 이후 줄리어스는 팜필리우스를 보러 가지 않았고 자신의 일에 파묻혀 팜필리우스를 잊어버렸다.

2

줄리어스의 아버지는 부자였다. 외아들 줄리어스를 사랑했으며 자랑스러워한 그는 아들에게 돈을 주는 것에 대해 아까워하지 않았다.

줄리어스는 대개 부잣집 젊은이들처럼 게으르고 사치스러웠다. 방탕한 생활을 하였고, 술과 도박과 여자에 파묻혀 젊은 날을 보냈다. 시간이 가면서 자유분방한 그의 삶은 점점 더 많은 돈을 필요로 했고 돈에 쪼들렸다. 하루는 줄리어스가 아버지에게 평상시보다 많은 돈을 요구하였다. 그의 아버지는 요구한 돈을 주면서 아들을 나무랐다. 그는 잘못을 느꼈으나, 대개 야단맞는 사람들이 그것을 알면서 인정하기 싫어하는 것처럼 오히려 화를 내며 아버지에게 무례한 행동을 하였다.

줄리어스는 아버지로부터 받은 돈을 곧 다 써 버렸다. 그러던 중에 술에 취해 친구와 함께 어떤 남자와 말다툼하다가 그만 살인을 하고 말았다. 시의 장관이 이 소식을 들었고 그를 체포하려고 했으나 아버지가 개입하여 어렵사리 사면을 얻었다. 줄리어스는 방탕한 생활을 위해 더 많은 돈이 필요했고, 곧 갚으마 약속하고 친구로부터 돈을 빌려 쓰기도 했다. 그러던 중에 애인이 진주 목걸이를 사달라고 떼를 썼다. 줄리어스는 그녀의 욕망을 충족시켜 주지 못하면 자신을 내팽개치고, 오랫동안 그녀에게 구애하는 부잣집 남자에게로 가 버릴 것을 알고 있었다.

줄리어스는 어머니에게 돈이 필요하다고 했고, 돈을 주지 않으면 자살할 것이라고 했다. 그러면서 자신의 처지가 아버지 탓이라고 비난했다.

"아버지는 나를 사치스런 생활에 익숙하게 만들어 놓고 이제 와서 돈 주는 것을 못마땅하게 여기세요. 아버지가 돈을 주면서 꾸짖지 않았다면 나는 적절하게 사용했을 것이고 이런 어려운 상황이 닥치지 않았을 거예요. 아버지가 충분한 돈을 준 적이 없기에 저는 고리대금업자에게 찾아갔고 그들이 나를 압박해 오고 있어요. 내가 부잣집 아들로서 당연히 누려야 할 삶은 아무것도 남아 있지 않고, 친구들 사이에서 망신만 당하고 있어요. 아버지는 아무것도 이해하려고 하지 않고, 자신도 젊은 시절이 있었다는 것을 잊고 계세요. 저는 이제 필요한 돈을 얻지 못하면 죽어 버리고 말 거예요."

아들을 버릇없이 키운 어머니는 아버지 유베날리우스에게 갔고, 아들을 오라고 한 유베날리우스는 아들과 아내 모두 나무랐다. 줄리어스는 아버지에게 무례하게 행동했고 참지 못한 아버지는 아들을 때렸다.

줄리어스가 아버지 유베날리우스의 팔을 잡자, 아버지는 종들을 불러 아들을 묶어 꼼짝 못하도록 명령했다. 혼자 남은 줄리어스는 아버지와 자신의 삶을 저주했다. 그는 이 상황에서 벗어나는 길은 자신이 죽거나 아버지의 죽음 외에는 다른 길이 없는 것처럼 보였다. 줄리어스의 어머니 역시 고통스러웠다.

하지만 그녀는 이 모든 것에 대한 책임이 누구에게 있는지 알려고 하지 않았다. 단지 사랑하는 아들이 불쌍할 뿐이었다. 그녀는 다시 남편에게 아들을 용서해 주길 간청했으나 남편은 아들을 망친 것이 그녀 탓이라며 면박을 주었다.

그녀 역시 유베날리우스에게 따지며 덤볐고 결국 남편 유베날리우스가 그녀를 때리는 것으로 일단락되었다. 이런 상황에 아랑곳하지 않은 그녀는 아들에게 아버지의 용서를 구하고 포기할 것을 설득하였으며, 그렇게 한다면 돈을 훔쳐서라도 아들에게 주기로 약속했다. 줄리어스는 이에 동의했고 어머니는 다시 유베날리우스에게 가서 아들을 용서하라고 간청했다.

유베날리우스는 한동안 아내와 아들을 꾸짖고 나서야 줄리어스를 용서하기로 결정했다. 그 대신 아들에게 방탕한 생활을 청산하고 부유한 상인의 딸과 결혼하는 조건을 걸었다.

"줄리어스는 내게 돈을 받는 것은 물론이고 아내의 지참금도 가지게 될 거요."

유베날리우스는 말했다.

"그때 제대로 된 생활을 하게 되겠지. 나의 바람대로 따라 준다면 줄리어스를 용서하지만 지금 당장 아무것도 해줄 수 없소. 행여 다시 죄를 짓게 되면, 시 장관에게 넘겨 버릴 테니까."

줄리어스는 아버지의 요구 사항을 받아들이기로 했다. 그는 더 이상 방탕한 생활을 하지 않을 것과 아버지의 뜻에 따라 결혼할 것을 약속했다. 하지만 속내는 전혀 달랐다. 그에게 집에서의 생활은 지옥 같은 삶이었다. 아버지는 그에게 말 한마디 하지 않았으며, 어머니와 그의 문제로 다투었다. 어머니는 하루도 눈물이 마를 날이 없었다.

어느 날, 어머니는 그를 불러 남편의 방에서 몰래 훔친 보석을 건네주었다.

"이것을 팔아라."

그녀는 조용히 말했다.

"여기 말고 다른 도시에 가서, 급한 대로 그 돈을 쓰거라. 당분간 보석이 없어진 사실을 아무도 모를 거야. 나중에 발각되면 노예들 중 아무나 죄를 뒤집어씌우면 된다."

어머니의 말을 듣자 그는 마음이 찢어지는 듯했다. 어머니가 저지른 일에 혐오감을 느꼈다. 줄리어스는 보석을 내버려 둔 채 집을 나와 버렸다. 어디로 가야 할지 무엇을 해야 할지 막막했다. 그저 혼자 있고 싶었고, 그에게 일어난 일들을 돌아보다가 앞으로 있을 일들을 짐작하며 계속해서 걷기만 했다. 하염없이 걸어 도시를 벗어났다.

마침내 그가 도착한 곳은 여신 다이애나의 신성한 나무숲이었다. 한적한 곳을 찾은 줄리어스는 생각에 잠겼다. 먼저 여신에게 도움을 구하고자 했다. 그러나 더 이상 신을 믿으려는 마음이 사라졌다. 이미 신들에게 기대할 수 없다는 것을 잘 알고 있었다.

'신으로부터 도움을 얻을 수 없다면, 누구에게 도움을 구하지?'

문득 자신의 처지가 너무 공허하고 낯선 느낌이 들었다. 마음속이 온통 캄캄하고 혼란스러울 뿐이었다. 하지만 달리 할 수 있는 것이 아무것도 없었다. 줄리어스는 자신의 양심에 귀 기울여야 했고, 그동안 삶의 태도를 곰곰이 살펴보기 시작했다. 그러고 나서 두 가지 질문을 얻을 수 있었으며, 잘못되고 어리석었다는 것을 깨달았다.

'왜 스스로 그렇게 괴롭게 했을까?'

'왜 청춘을 그런 식으로 파괴했던가?'

그러한 삶은 줄리어스에게 행복을 맛보게 하기보다 슬픔과 불행만을 잔뜩 안겨 주었다. 이제 그는 혼자라는 것을 절실히 느꼈다. 그를 사랑하는 어머니가 있었고 아버지와 친구가 있었는데, 지금은 아무도 없었다. 아무도 그를 사랑하지 않았다. 줄리어스는 모두에게 짐이었다. 그를 아는 모든 사람에게 고통의 근원이었다.

어머니에게 그는 아버지와의 불화의 원인이었다. 아들인 그가 아버지에게는 평생 수고하여 모은 재산을 날리게 한 존재였다. 친구들에게 위험하고 불쾌한 경쟁자였으며, 그들은 그의 죽음을 바랄 게 틀림없었다.

줄리어스는 자신의 삶을 돌아보다가 팜필리우스를 떠올렸다. 그와의 마지막 만남에서 팜필리우스가 그리스도인들이 있는 그곳으로 초대한 것을 기억해 냈다. 순간 집으로 가지 않고 그리스도인들이 있는 곳에서 함께 머물면 어떨까 생각하다가 그토록 절박한가 하는 의구심이 일었다. 다시 그에게 일어난 일들을 돌이켜 보았다. 누구도 그를 사랑하지 않고, 그 역시 누구도 사랑하지 않는다는 사실이 끔찍했다. 어머니와 아버지, 친구들 모두 그를 좋아하지 않았으며 그가 사라지기를 바랄 것이 분명했다.

'나는 누구를 사랑했는가? 친구들?'

줄리어스는 자신이 누구도 사랑하지 않았다는 것을 확인할 수 있었다. 모두 그의 경쟁자였고, 고통 중에 있는 그에게 아무 관심도 보이지 않을 존재들이었다.

아버지? 이 질문을 떠올리자 그는 공포감에 휩싸였다. 그가 자신의 마음을 들여다보았을 때 아버지를 사랑하지 않을 뿐만 아니라 그에게 억압과 모욕을 준 아버지를 생각하면 증오심이 끓어올랐다. 아버지의 죽음이 자신의 행복이라고 확신했.

"그래!"

그는 자신에게 말했다.

"어느 누구도 보거나 알지 못하는 상황, 그 상황에서 단 한

번에 아버지를 죽이고 그 즉시 자유롭게 된다면, 어떻게 할 것인가?"

그는 스스로 대답하고 말았다.

"아버지를 죽이고 말 거야!"

그는 자신의 대답에 소스라치게 놀랐다.

"어머니? 죄송하지만 어머니를 사랑하지 않아. 어머니가 어떻게 될 것인지 나에겐 중요하지 않아. 나에게 필요한 것은 어머니의 도움뿐이야. 나는 짐승이야, 비참하게 쫓기는 짐승. 그들과 다른 것은 이 잘못되고 악한 인생을 나 스스로 끝낼 수 있다는 것이지. 그래, 난 짐승들이 할 수 없는 짓을 할 수 있어. 자살. 난 아버지를 증오해. 아무도 사랑하지 않아. 누구도 그를 사랑하지 않고 그 역시 누구도 사랑하지 않았다. 어머니와 아버지, 그리고 친구들 모두 그를 좋아하지 않았으며 그가 사라지기를 바랄 것이다. 어머니도, 친구도……. 내가 살아 있기를 바라는 사람이 있다면? 팜필리우스일까?"

그는 팜필리우스를 떠올리기 시작했다.

마지막 만남, 둘이 나눈 대화, 팜필리우스가 그들의 가르침에 따라 그리스도의 말씀을 전하던 기억이 났다.

"수고하고 무거운 짐 진 자들아 다 내게로 오라 내가 너희를 쉬게 하리라."

그것이 진실일까? 그는 팜필리우스의 온화하고 담대하고 행복한 얼굴을 떠올렸다. 팜필리우스가 한 말을 믿고 싶어졌다.

"나는 도대체 어떤 존재지?"

그는 자신에게 물었다.

"나는 누구지? 행복을 쫓는 인간. 나는 행복을 정욕 속에서 구했고 찾을 수 없었어. 나 같은 인간은 누구도 그것을 찾을 수 없어. 모두 악하고 고통스러운 것뿐이야. 그러나 항상 즐거움에 가득 찬 사람이 있어. 그는 아무것도 바라지 않기 때문이야. 그는 자신과 같은 사람들이 많고 누구든지 스승의 가르침을 따른다면 그렇게 될 수 있다고 말을 하지. 그것이 진실일까? 진실이든 아니든 매력적인 것이야. 그곳으로 가야겠어."

줄리어스는 자신을 설득하며 집으로 돌아가지 않기로 결심한다. 그는 나무숲을 떠나 그리스도인들이 사는 마을로 향했다.

3

줄리어스는 힘이 나서 즐거운 마음으로 길을 따라갔다. 한참 걸어가면서 그리스도인의 삶을 사는 자신의 모습이 생생하게 그려졌고, 팜필리우스가 한 말이 떠올라 더욱 행복감을 느꼈다.

어느덧 해가 저물어 저녁이 되었다. 한 남자가 앉아 있는 길가를 지나다가 쉬고 싶은 마음이 들었다. 지적인 중년 남자는 올리브와 전병을 먹고 있었다.

줄리어스를 보자 그는 웃으며 인사했다.

"젊은이, 반갑네. 갈 길이 멀 텐데 잠시 쉬어 가게나."

줄리어스는 감사하며 그의 옆에 앉았다.

"어디로 가는 길인가?"

낯선 중년 남자가 물었다.

"그리스도인들에게 갑니다."

줄리어스가 대답했다.

그는 낯선 이와 대화하며 차근차근 그의 살아온 과정과 그가 내린 결정에 대해 말하기 시작했다.

낯선 이는 집중하면서 들었으며 자신의 의견을 드러내지 않고 간간이 몇 가지 자세하게 물었다. 줄리어스가 말을 마치자 그는 남은 음식을 전대에 꾸리더니 옷매무새를 고치며 말했다.

"젊은이, 자네의 의도대로 실행에 옮기지 말게. 자네는 실수하는 거야. 나는 인생을 알고 있지. 자네는 몰라. 또 자네는 모르지만 나는 그리스도인들을 알고 있네. 들어 보게나! 내가 자네의 삶과 생각을 정리해 볼 테니, 내 얘기를 들은 후에 결정하도록 하게. 자네는 젊고 부유하고 멋지고 강하고 뜨거운 열정이 솟구치고 있는 젊은이일세. 그 열정이 요동치게 하지 않고, 결정적으로 고통으로 몰아넣지 않을 그런 피난처를 원하고 있네. 그리스도인들에게서 그 피난처를 찾을 수 있다고 믿는 거지?

사랑하는 젊은 친구, 그런 피난처는 없네. 자네를 괴롭게 하는 것은 길리기아나 로마에 있는 것이 아니라 바로 자네 자신 속에 있기 때문이지. 조용한 외딴 마을에서도 똑같은 열정이 자네를 괴롭힐 걸세. 오히려 백배 더 강하게 말이야. 그리스도인들의 기만, 아니 그들을 판단하고 싶지 않으니 그냥 망상이라고 하지. 그들의 망상은 본성을 거스르는 것들로 이루어져 있네. 어떤 열정도 다 식어 버린 노인들만이 그들의 가르침 대로 실행할 수 있는 것이지.

인생의 한창 때를 보내거나 자네처럼 아직 인생의 시련을 겪어 보지 않은 젊은이들은 그들의 법에 복종할 수가 없다네. 인간의 본성에 기초한 것이 아니라 한가한 사색에 근거하였기 때문이지. 자네가 그들에게 간다면 지금보다 훨씬 더 큰 범위에서 지금 고통당하는 것들로 힘들어 하게 될 걸세. 자네의 열정은 자네를 잘못된 길로 이끌고 있지만 한번 잘못 간 길은 다시 바로 잡을 수 있지. 어찌 되었든 자네는 지금 채워지지 않는 욕망을 충족시켰고, 그것이 인생이지.

그러나 그리스도인들과 함께하기 위해서는 자네의 열정을 강력하게 억제해야 하고, 자네는 비슷한 과정에서 더 많은 실수를 저지르게 될 걸세. 이외에 만족되지 않은 욕망으로 인해 끊임없는 고통을 당하게 될 거야. 마치 댐으로부터 흘러나온 물이 대지와 초원을 적시고 동물들의 목을 축이기도 하지만, 그것을 가두게 되면 오히려 둑을 무너뜨리고 진흙탕 물이 넘치게 되는 것처럼 말일세.

열정도 마찬가지라네. 물론 그리스도인들의 가르침 가운데 그들 스스로 위안을 삼는 또 다른 삶에 대한 믿음이 있지만 그것에 대해 말하지 않겠네. 그들의 실질적인 가르침은 이렇다네. 폭력을 인정하지 않고, 전쟁을 인정하지 않으며, 재판이나 재산을 인정하지 않고 또 과학이나 예술, 또는 인생을 쉽거나 즐겁게 하는 어떤 것도 인정하지 않는 것이지."

인간이 '스승'이 행한 것처럼 할 수 있다면 더할 나위 없이 좋은 것일 수 있겠지. 하지만 현실은 그렇지 않고 그렇게 될 수도 없다네. 인간은 본래 사악하고 정욕에 얽매이게 되어 있으니 말일세. 욕망으로 인한 갈등이야말로 바로 인간이 살아가는 사회적 조건을 유지시키는 것이지. 야만인들은 속박이라는 것을 모른다네. 또한 그리스도인들이 그렇게 하는 것처럼 모든 사람이 그에게 복종한다면, 그와 같은 자 하나가 자신의 욕망을 위해서 이 세상 전체를 파괴할 수 있는 것이지.

신들이 인간의 마음속에 분노와 복수, 악한 자에 대한 증오심을 심어 놓았다면, 그건 이러한 감정들이 인간의 삶에 필요한 것이기 때문일세. 그리스도인들은 이러한 감정들이 나쁜 것이라고 가르치고, 그러한 것들이 없다면 인간은 더 행복할 것이고 살인도 처형도 전쟁도 없을 것이라고 가르치지만.

맞는 말이기도 해. 마치 인간이 음식을 먹지 않는다면 행복할 것이라고 가정하는 것과 같네. 그때에는 정말 탐욕이나 굶주림, 그것들로부터 야기되는 어떤 재앙도 없겠지만 그러한 가정이 본성을 바꿀 수 없는 걸세. 수십 명의 사람들이 그것을 믿고, 실제로 음식을 먹는 것을 삼가고 굶어 죽는다고 해도 그것이 인간 본성을 바꿀 수는 없을 걸세.

다른 욕망도 마찬가지지. 분노, 화, 복수심, 여인에 대한 사랑, 사치, 신들의 특징인 화려하고 웅장함에 대한 사랑, 변하지 않는 인간의 특색까지도 말이야. 인간에게 영양 공급을 중단하면 곧 죽게 될 걸세. 마찬가지로 자연스러운 욕망을 없애면 역시 인간은 존재할 수 없게 될 걸세. 그것은 그리스도인들이 거부하는 소유권에 대해서도 마찬가지야.

주위를 돌아보게나. 포도밭, 울타리, 집, 당나귀, 이 모든 것들이 소유 개념의 전제하에서 인간이 생산해 낸 것들이지. 만일 재산권을 포기한다면 어느 포도밭도 경작되지 않을 것이고 어떤 동물도 사육되지 않을 걸세. 그리스도인들은 자신들이 재산을 소유하지 않는다고 말하지만 그 소산물을 즐기고 있지 않나. 모든 것을 공유하고 공동으로 관리한다고 말하지만, 그들이 공동으로 관리하는 것은 그 재산을 소유한 사람들로부터 받은 것이란 말일세. 그들은 다른 사람들을 속이거나 기껏해야 스스로 속이고 있는 거야.

그들이 일을 해서 스스로의 힘으로 살아간다고 말하지만 만약 소유권을 인정하는 사람들이 생산해 낸 것을 이용하지 않는다면 그들은 스스로 부양하지 못할 걸세. 설령 그럴 수 있다고 해도 그것은 극히 미약한 생존 수단 정도일 뿐이고 과학이나 예술이 들어설 자리는 없을 걸세. 그리스도인들은 과학이나 예술의 가치를 인정하지 않네. 그들의 가르침은 과학과 예술을 야만의 원시적 상태, 다시 말해 동물적인 존재 수준으로 전락시키는 경향이 있지. 그들은 예술이나 과학을 통해 인류에 봉사할 줄 몰라. 우리의 예술과 과학에 무지하기 때문에 비난할 뿐이지.

또한 그들은 인간의 고유한 특권을 형성하고 신들과 연합하는 어떤 방법들을 통해 인류에 봉사할 줄도 모르지. 신전이나 조각상이나 극장이나 박물관도 갖고 있지 않아. 이런 것들이 필요 없다고 말하지. 열등감이 주는 부끄러움을 피하는 가장 쉬운 방법은 고결한 것을 비웃는 것이며, 그리스도인들이 바로 그런 식으로 하고 있는 걸세.

그들은 결국 무신론자들일세. 신들을 인정하지 않고 신들이 인간의 문제에 참여하는 것을 인정하지 않지. 그리스도인들은 오로지 스승의 아버지만을 믿을 뿐이야. 그들은 스승의 아버지를 아버지라고 부르기도 하고 스승 자신을 말하기도 하지. 그들은 그가 인생의 모든 신비를 자신들에게 계시하셨다고 생각하고 있지. 하지만 그들의 가르침은 가련한 속임수일 뿐일세!

이걸 생각해 보게나. 종교에 있어서, 세상은 신들에게 의존하고 있고, 신들은 사람들을 보호하지. 또한 사람들은 복된 삶을 위해 신들을 경배해야 하고, 그들 스스로 연구하고 생각해야만 한다고 말하지. 삶은, 한편 신들의 뜻에 의해 인도되기도 하고 한편 인간의 총체적인 지혜에 의해 인도되기도 해. 우리는 삶 가운데 생각하고 연구하고 찾고, 그렇게 해서 진리를 향해 나아가고 있는 것이라네.

그러나 그리스도인들에게는 신들도 없고 자신들의 의지도 없고 인간의 지혜도 없어. 그들에게는 오직 십자가에 못 박혀 죽은 스승과 그가 말한 모든 것에 대한 맹목적 믿음밖에는 가지고 있지 않지. 자, 이제 어느 것이 더 가치 있는 것인지 곰곰이 생각해 보게. 신들의 뜻과 인간들의 총체적인 지혜의 자유의지인가, 아니면 한 사람의 말에 대한 강제적이고 맹목적인 믿음인가?"

줄리어스는 낯선 이가 한 말, 특히 그의 마지막 말에 충격을 받았다. 그리스도인들에게 가고자 한 의도가 무너진 것은 물론 자신의 불운 탓에 그런 어리석은 결정을 한 것이 의아하게 여겨졌다. 그러나 줄리어스에게는 이 어려운 상황에서 벗어나려면 무엇을 하고 어떻게 그 길을 찾아가야 하는지에 대한 의문이 남아 있었다. 그는 낯선 이에게 자신의 처지를 설명하고 조언을 구했다.

"그게 바로 자네에게 해주고 싶은 말일세."

낯선 이는 대답했다.

"무엇을 해야 하는가? 내가 생각하는 지혜로 조언한다면, 자네의 길은 명확하네. 자네에게 일어난 모든 불행은 인간의 자연스런 욕망의 결과일세. 욕망은 자네를 부추겼고 고통당할 수 있는 데까지 자네를 몰고 갔지. 그런 것이 인생의 일상적인 교훈일세. 우리는 스스로 그로부터 유익을 얻어내야 하네. 이제 무엇이 쓴 것이고 무엇이 단 것인지 충분히 깨달았을 걸세. 자네는 앞으로 같은 실수를 반복하지 않을 거야. 경험으로부터 유익을 얻어내게나.

자네를 가장 힘들게 하는 것은 아버지를 향한 증오심일세. 증오심은 자네의 처지로부터 기인한 것이지. 다른 길을 택하면 미움은 사라질 걸세. 아니면 적어도 지금처럼 고통스럽게 나타나지는 않을 거야. 자네의 모든 불행은 안정되지 못한 자네의 위치에서 비롯된 걸세. 자네는 자신을 젊음의 쾌락에 던져 넣었었네. 그것은 어찌 보면 자연스럽고 바람직한 것이었지. 하지만 자네의 나이와 어울릴 때만이 바람직한 것일세. 시간이 지나 남자로서 성숙하게 된 후에도 젊은이의 경솔함을 유지한다면 그것은 잘못된 것이야. 자네는 성인으로서 한 남자이고 한 시민이라는 것을 인식해야 하는 나이네. 국가에 봉사하고 국가를 위해 일할 나이가 된 것이지.

자네의 아버지는 자네가 결혼하기를 원하고 그 충고는 현명한 것일세. 자네는 청춘의 시기를 너무 오래 즐겼어. 이젠 다른 시점에 도달했네. 자네의 모든 문제는 과도기에 나타나는 징후에 불과한 것일세. 청춘의 때가 지나갔음을 인정하고 과감하게 모든 익숙했던 것들을 던져 버리고 새로운 길로 들어서게나. 결혼도 하고 젊은 시절의 쾌락은 버리게나. 사업과 일, 과학과 예술에 집중하게나. 그러면 아버지, 친구들과의 관계가 회복되는 것은 물론 자네 자신에게 평화와 행복이 찾아올 걸세. 자네는 이제 성인이 되었고 결혼해서 한 여자의 남편이 되어야 하네.

이제 나의 충고를 한마디로 요약하면, 아버지의 바람을 수용하고 결혼하라는 것일세. 자네가 그리스도인들 사이에서 찾으려던 은둔의 삶에 마음이 이끌린다면, 혹은 생동감 있는 삶이 아니라 철학에 마음이 기운다면, 인생의 참 의미를 경험한 후에 그때 가서 그것에 헌신하는 삶을 살게나. 그러나 인생의 의미는 한 시민으로서 가정의 가장으로서만이 알게 되는 것일세. 만일 이후에도 여전히 은둔의 삶에 마음이 끌리거든 그 감정에 맡기게나. 그때는 지금처럼 단순히 괴로움의 한 순간적 감정이 아니라 진정한 욕구일 테니까. 자, 이제 가 보게!"

이 말이 그 어떤 말보다 강하게 줄리어스를 설득했다. 줄리어스는 낯선 이에게 감사하고 집으로 돌아왔다. 어머니는 기뻐하며 반겼다. 아버지 역시 그를 반겼고, 줄리어스가 자신의 뜻에 순종하고 자신이 골라 준 여자와 결혼하겠다는 말을 듣자 아들과 화해했다.

4

석 달이 지나고, 줄리어스와 아름다운 신부 유람피아의 결혼식이 거행되었다. 젊은 부부는 줄리어스 소유의 집에서 따로 살게 되었고, 아버지로부터 사업의 일부를 물려받았다. 이제 그는 삶의 방식을 완전히 바꾸었다.

어느 날, 줄리어스는 사업상의 일로 이웃 도시에 갔다. 그곳 상점에서 앉아 있다가 팜필리우스가 낯선 아가씨와 함께 지나가는 것을 보았다. 두 사람은 시장에서 팔려고 무거운 포도 바구니를 운반하고 있었다. 친구를 보자마자 달려간 줄리어스는 팜필리우스에게 상점에서 이야기를 나누자고 청했다. 함께 있던 여자는 팜필리우스가 미안해서 머뭇거리자 편하게 다녀오라고 하며, 그동안 포도를 내려놓고 손님을 기다리겠노라고 했다. 팜필리우스는 그녀에게 감사하고 줄리어스와 함께 상점으로 들어갔다.

줄리어스는 아는 사이인 상점 주인에게 부탁해서 팜필리우스와 함께 상점 뒤쪽의 조용한 방으로 갔다. 두 사람은 그동안 살아온 이야기에 대해 이것저것 물으며 대화했다. 팜필리우스는 여전히 그리스도인 공동체에서 살고 있었고 결혼은 아직 못했다고 했다. 또한 그의 삶이 매시간, 매일, 매해마다 점점 더 행복해지고 있다고 다소 상기된 어조로 힘있게 말했다.

줄리어스는 자신에게 일어난 일들에 대해 말했다. 그리스도인 공동체로 향하던 중에 낯선 이를 만나 그리스도인들의 잘못된 생각에 대해 명쾌하게 들었던 일, 그가 해야 할 것이 무엇인지 보여주었으며, 어떻게 그의 충고에 따라 결혼했는지 이야기했다.

"그럼, 지금은 행복해?"

팜필리우스가 물었다.

"결혼을 통해서 낯선 이가 확신하는 것을 발견했어?"

"행복?"

줄리어스가 말했다.

"무엇이 행복이지? 만일 그것이 나의 욕망의 완전한 충족을 의미하는 것이라면 나는 행복하지 않아. 난 현재 사업을 성공적으로 이끌고 있고 사람들은 나를 존경하기 시작했어. 이 두 가지 일에서 상당한 만족을 얻고 있지. 비록 많은 사람들이 나보다 더 부자이고 더 높은 지위를 가지고 있지만 머지않아 그들과 동등하게 되거나 그들을 넘어설 것을 기대하고 있지.

그런 면에서 나의 삶은 충분히 만족스럽다고 봐. 하지만 결혼에 대해 솔직히 만족스럽지 못해. 행복을 가져다 줄 거라는 바로 그 결혼은 실패했다고 느끼고 있어. 처음 느끼던 즐거움은 차차 줄어들고 이제 희미해져 버렸거든. 어느 순간 행복 대신 슬픔이 찾아왔지.

아내는 아름답고, 명석하고 교육도 잘 받았고 상냥하기도 하지. 처음에 더할 나위 없이 행복했어. 그러나 지금은 평안치 못해. 너는 아직 아내가 없어서 경험해 보지 못했겠지만, 어떤 때 그녀에게 무관심하다 싶으면 그녀는 나의 관심을 사려 애쓰고, 어떤 때는 그 반대의 경우가 생기기도 해. 그럴 때마다 마음이 편안하지 못해. 그뿐인가. 새로운 것에 대한 욕구라는 것이 본

능적이라서, 아내보다 매력이 덜한 여자들이라도 처음 볼 때는 다 매력적으로 보이거든. 물론 얼마 지나지 않아 아내보다 못하다는 것을 알게 되지만. 그런 저런 경험을 할 때마다 불만이 쌓이고 결혼 생활에 회의를 느끼고 있네, 친구."

줄리어스는 웃으며 말을 덧붙였다.

"철학자들의 말이 맞아. 삶은 우리에게 영혼이 바라는 것을 주지 않아. 결혼을 통해 경험했어. 삶은 영혼이 갈망하는 행복을 주지 않는다는 사실이 너희 그리스도인들의 착각으로 제공할 수 있다는 말은 아니야."

"네가 말하는 '기만'이 뭐지?"

팜필리우스가 물었다.

"너희들의 기만은 이런 것이지. 삶과 연관된 악으로부터 인간을 구한다는 것, 다시 말해 그 모든 삶을 부인하는 데 있지. 삶 그 자체를 부인하는 거야. 미몽에서 깨어나는 것을 피하기 위해 매력적인 것을 거부하는 것. 너희는 결혼을 거부하지 않나?"

"우리는 결혼을 거부하지 않아."

팜필리우스가 대답했다.

"결혼을 거부하지 않는다 해도, 어쨌든 사랑을 거부하고 있지 않나?"

"오히려 그 반대, 우리는 사랑 외에 모든 것을 거부해. 우리에게 사랑은 모든 것의 근본이야."

"난 너희를 이해할 수 없어."

줄리어스가 말했다.

"다른 사람들로부터 또 네게 들은 바에 의하면, 내 또래인 네가 아직 결혼하지 않은 사실로 판단하더라도 너희 그리스도인들은 결혼하지 않는다는 결론을 내릴 수밖에 없어. 이미 결혼한 사람들이야 그 상태를 지속하지만 그렇지 않은 사람들은 새로 결혼하지 않잖아. 너희들은 인류의 존속에 대해 관심을 갖고 있지 않아. 만일 너희가 인류의 유일한 사람들이었다면 인류는 오래전에 사라졌을 거야."

줄리어스는 다른 사람들로부터 종종 들었던 말을 되풀이하면서 말을 맺었다.

"그건 틀린 얘기야."

팜필리우스가 말했다.

"우리가 인류의 존속에 목표를 두지 않다는 것은 맞아. 철학자들이 그에 대해 말하는 것과 마찬가지로 관심을 갖지 않는 것도 사실이야. 우리는 하나님께서 그것에 대해 이미 준비하셨다는 것을 전제로 하지. 우리의 목적은 단순히 하나님의 뜻에 따라 살아가는 것이야. 인류가 존속하는 것이 하나님의 뜻이라면 그렇게 될 것이고, 그렇지 않다면 인류는 종말을 맞을 거야. 그것은 우리의 문제도 관심사도 아니야. 우리의 관심은 그분의 뜻대로 사는 거야. 그분의 뜻은 가르침과 계시 속에 나타나 있지. 말씀하시기를 '남편이 아내와 결합하여 둘은 한 몸이 되리라'고 하셨어. 우리에게 있어 결혼은 금지된 것이 아니라 오히려 장로들과 스승으로부터 장려되는 것이지. 우리의 결혼과 자네의 결혼이 다른 것은, 우리는 여자를 볼 때 욕정을 가지고 보는 것은 죄라고 가르치고, 여인들은 정욕을 자극하도록 꾸미는 것보다 형제자매로서 대하고, 정욕의 감정을 피하려고 노력한다는 것이지. 아마 그것은 자네가 사랑이라고 말하는 여자에 대한 욕망보다 더 강력할지도 몰라."

"그러나 아름다움에 대한 찬탄을 억제할 수는 없어."

줄리어스는 말했다.

"확실한 것은, 예를 들어 자네가 함께 포도를 운반한 그 아름다운 여자가 매력을 감추고 있는 옷에도 불구하고 자네의 감정을 일깨운다는 사실이야."

"나는 아직 모르겠는데."

팜필리우스는 얼굴을 붉히며 말했다.

"난 그녀의 아름다움에 대해 생각해 보지 않았어. 그런 얘기는 네가 처음이야. 내게 단지 자매일 뿐이야. 또 우리의 결혼과 너희 결혼의 차이점을 더 말하자면, 너희는 아름다움과 사랑,

미의 여신 비너스에 대한 숭배라는 이름 아래 일깨워지고 발전한 욕망으로부터 생겨난다는 점이야. 반면 우리에게 정욕은(하나님이 악을 창조하시지는 않았기 때문에), 제자리를 벗어났을 때 악을 불러오는 선으로 간주하지. 그것을 유혹이라고 하네. 유혹을 피하기 위해 모든 노력을 기울이지. 내가 아직 결혼하지 않은 이유도 바로 그 때문이야. 물론 내일이라도 결혼할 가능성은 있지만."

"무엇이 그것을 결정하지?"

"하나님의 뜻이지"

"그것을 어떻게 알지?"

"네가 구하지 않는다면 결코 인지하지 못할 거야. 그들이 끊임없이 그것을 간구한다면, 제물이나 새들을 통해 얻는 징조처럼 명확할 거야. 너희에게 신의 뜻을 그들의 지혜와 희생제물의 내장과 새들의 비행으로부터 해석하는 현인들이 있는 것처럼 우리 역시 예수 그리스도의 계시에 따라 아버지의 뜻을 설명해 주는 지혜로운 사람들이 있지. 인간에 대한 그들의 사랑에 의해 이루어지지."

"네가 말하는 것들이 너무 막연해!"

줄리어스가 반박했다.

"누가 너에게 언제 그리고 누구와 결혼하라고 알려 주기라도 한단 말이야? 내 경우 세 명의 여자 중 하나를 선택할 기회가 있었지. 셋은 여러 여자들 사이에서 선별된 여자들이었어. 모두 아름답고 부유했고 또 아버지가 그들 중 어느 누구와 결혼해도 동의할 수 있는 그런 여자들을 선발한 거였지. 세 명 중 유람피아를 선택했어. 가장 아름다웠고 누구보다 매력적이었으니까. 이런 것은 쉽게 이해되는 내용이지. 그런데 너희 선택에 있어서 무엇이 지침이 되는 거지?"

"네 물음에 답을 대신해서,"

팜필리우스는 말했다.

"이 말을 들려주고 싶어. 가르침을 따르면 하나님의 눈에 모든 사람이 동등하듯이 우리의 눈에도 지위나 영적, 육적인 수준이 동일하게 보인다는 거야. 그렇기 때문에 선택이(이 단어가 무의미하다고 생각하지만) 어떤 식으로든 제한되지 않고, 이 세상 어느 누구도 그리스도인의 남편과 아내가 될 수 있다는 것이야."

"그 말은 결정을 더욱 어렵게 하는 말인데."

줄리어스가 고개를 흔들며 말했다.

"장로가 나에게 말해 준, 그리스도인의 결혼과 너희 이교도의 결혼이 다른 점을 말해 볼게. 이교도들은 엄청난 즐거움을 줄 것으로 생각되는 여인을 아내로 선택하지. 그 상황에서 눈은 방황하고 특히 즐거움이 미래에 있기 때문에 결정하기는 쉽지 않지. 그러나 그리스도인은 그런 선택을 하지 않을 뿐더러 선택에 있어서 개인적 즐거움은 첫 번째가 아니라 두 번째지. 그리스도인에게 중요한 것은 결혼을 통해 어떻게 하면 하나님의 뜻에 어긋나지 않을까 하는 것이기 때문이야."

"어떻게 결혼에 의해 하나님의 뜻을 위배한다는 것이지?"

"사실 난 우리가 함께 읽고 공부했던 「일리야드」를 잊은 지 오래지만, 현인들과 시인들 사이에 살고 있는 넌 분명하게 기억하고 있을 거야. 「일리야드」의 전체 줄거리가 무엇에 관한 것이지? 그것은 결혼에 관해 신의 뜻을 위배하는 것에 대한 이야기야. 메넬라우스, 파리스, 헬렌, 그리고 아킬레스와 아가멤논, 크리세이스… 온통 신의 뜻을 어기는 데서 발생하는 끔찍한 불행을 묘사하고 있는 거, 아니야?"

"도대체 뭐가 신의 뜻을 어긴 거지?"

"이런 경우를 들 수 있지. 남자가 여자를 인간으로서가 아니라, 그 여자와의 관계를 통해 쾌락을 얻으려고 사랑하는 것. 즉 쾌락을 위해 결혼하지. 반면에 그리스도인의 결혼은 오직 사랑할 때, 사랑의 대상이 형제애일 때 가능하지. 마치 집이 기초가 튼튼할 때 합리적이고 견고하게 세워질 수 있는 것처럼, 무언가 준비되었을 때 그림이 잘 그려질 수 있는 것처럼 말이야. 육체적 사랑은 서로 인간으로서의 존중과 사랑이 바탕이 될 때 정당하고 합리적이고 영원한 것이야. 또 그러한 기초 위에서만 건강한 그리스도인의 가정이 세워질 수 있는 것이고."

"아직도," 줄리어스는 말했다.

"네가 말하는 그리스도인의 결혼이 왜 파리스가 경험한 것과 같은 여인에 대한 사랑을 배제하는지 이해하지 못하겠는걸."

"그리스도인의 결혼이 한 여자에 대한 배타적 감정을 허용하지 않는다고 말하는 것이 아니야. 오히려 그럴 때만이 합리적이고 거룩한 것이라는 거지. 한 여자에 대한 배타적 사랑은 모든 사람에 대해 먼저 존재하는 사랑이 침해되지 않을 때 일어날 수 있지. 시인들이 노래하는 한 여인에 대한 배타적 사랑이 인간에 대한 보편적 사랑에 기초하지 않고 그 자체를 선한 것으로 노래한다면, 그런 사랑은 사랑이라고 불릴 자격이 없어. 그것은 동물적인 정욕이고 아주 쉽게 증오로 변하게 되지.

소위 사랑(에로스)이라고 불리는 것이 인간에 대한 형제애에 기반하지 않을 때 어떻게 비인간적으로 되어가는가에 대해 가장 좋은 예가 이런 거야. 남자가 사랑하는 바로 그 여자가 남자에 의해 폭행당하게 되는 것, 남자는 여자에게 고통을 안겨 주고 여자를 파멸하게 되지. 그런 폭력 속에는 분명히 형제애란 존재하지 않아. 사람은 사랑하는 사람을 고통스럽게 하기 때문이지. 비그리스도인의 결혼에서 그를 사랑하지 않는 여자, 또는 다른 사람을 사랑하는 여자와 결혼하는 경우에 그녀를 고통으로 몰아녕고, 그녀에 대한 연민이 없고 단순히 그녀를 자신의 사랑을 위한 숨겨진 폭력으로 자주 대하게 되지."

"그 점은 인정해." 줄리어스는 말했다.

"그러나 그녀가 그를 사랑한다면, 거기에는 잘못된 행위가 없을 뿐더러 그리스도인과 이교도의 결혼은 차이가 없는 것 아닌가?"

팜필리우스가 대답했다.

"너희의 결혼에 대해 자세한 것은 모르지만 단지 개인적 행복에 기초한 결혼은 불화를 낳을 수밖에 없다는 것은 분명해. 동물들 사이에, 혹은 동물들과 차이가 있겠지만 인간들 사이에서도 음식을 쟁취하기 위해 다툼과 투쟁이 필연적인 것과 마찬가지야.

각자 잔뜩 한입을 먹고 싶어하지만 모두에게 충분한 한입의 기회가 주어지지 않기에 불화가 일어나는 것이지. 공공연하게 표출되진 않더라도 은밀하게 그것이 존재하는 거야. 힘없는 사람은 맛있는 한입을 원하지만 강한 자가 그것을 허락하지 않을 것을 알고 있지. 비록 그것을 강한 자로부터 직접 빼앗아 오는 것이 불가능하다는 것을 알더라도 그는 은밀하게 시기심 가득한 악한 마음을 가지고 간사한 꾀로 그것을 가로챌 기회를 잡기 위해 기다리고 있지. 이교도의 결혼도 마찬가지야. 그 욕망의 대상이 인간이라는 점에서 두 배는 더 나쁘지. 그로 인해 남편과 아내 사이에 반목이 생기는 거야."

"하지만 부부가 어떻게 아내나 남편 외에 아무도 사랑하지 않을 수 있지? 남자나 여자, 사랑하는 누군가가 항상 있을 수 있을 텐데, 네 생각대로라면 결혼은 불가능하잖아. 그런 면에서 네 말이 옳다는 주장이 결혼을 부정한다는 의미라는 거야. 그것이 네가 결혼하지 않은 이유이고 앞으로도 결혼하지 않을 이유가 되겠지. 남자가 다른 여자에 대한 사랑의 감정을 느끼지 않고 한 여자와 결혼한다는 것, 또는 한 여자가 그에 대한 남자의 감정을 불러일으키지 않고 성숙한다는 것은 불가능하니까. 헬렌이 어떻게 했어야 할까?"

"키릴 장로는 그에 대해 '이교도 남자들은 형제애를 생각하거나, 그 감정을 키우려 하지 않고, 여인에 대한 욕망만을 생각하고 그 감정을 키워나간다. 따라서 그들 세계의 헬렌은, 모든 여자들은 많은 남자들의 사랑의 감정을 일으킨다. 마치 동물이 암컷을 소유하기 위해 하는 것처럼 서로 싸우고 누르려고 투쟁한다. 크든 작든 그들에게 있어 결혼은 일종의 폭력 행위가 된다'고 하셨어.

공동체에서는 여성의 아름다움이 주는 쾌락에 대해 생각하지도 않고, 이교도 세계에서 숭배의 대상이 되고 가치 있는 것들로 이끄는 유혹을 피하지. 우리는 이웃을 존중하고 사랑해야 할 의무를 생각해. 이건 가장 아름답거나 가장 추하거나 상관없이 모든 이들에게 대해 느끼는 감정이야. 우리는 힘을 다해 그런 마음을 드러내고, 형제애는 아름다움에 대한 유혹을 대신하여 그것을 극복하고, 남녀의 성적인 행위를 통해 일어나는 불화를 제거하게 되지. 그리스도인은 한 여성과 연합하는 것이 어느 누구에게도 고통이 되지 않는다는 것을 알 때만이 결혼한다는 말이야."

"그것이 가능한 거야?" 줄리어스가 끼어들었다.

"인간이 스스로 욕정을 통제할 수 있을까?"

"자유롭게 방치한다면 불가능하지. 우리는 그런 감정을 막을 수 있어. 예를 들어, 아버지와 딸, 어머니와 아들, 또는 형제나 자매의 관계를 보면 그녀가 아무리 아름답더라도, 어머니는 아들에게 순수한 사랑의 대상일 뿐 유희의 대상은 아니야. 딸과 아버지나 자매와 형제간에도 마찬가지이고. 그 경우 욕망의 감정은 일어나지 않아.

그 감정은 단지 아버지가 자신의 딸이 아닐 때 일어나는 감정이고 어머니와 아들, 형제와 자매도 마찬가지지. 그때 그러한 감정은 매우 미약할 것이고 쉽게 억제할 수 있고, 통제할 수 있는 범위에 있게 될 거야. 욕망이 약한 것은 모성애나 부성애 또는 형제애를 기반으로 하기 때문이야. 왜 너는 어머니나 자매나 딸과 같이 모든 여성들을 향하여 그 감정이 개발되고 형성될 수 있다는 것을 믿지 않는 거지? 부부 사이 사랑의 감정도 그런 감정의 기반 위에 자라날 수 있다는 것을 왜 믿지 않는 거야? 남매 사이에 누이에 대한 여성으로서의 사랑은 오직 그녀가 누이가 아닐 때만 허용되는 것처럼 그리스도인들은 사랑이 누구에게도 고통을 주지 않을 것이라고 느낄 때 비로소 그 감정을 허용하는 거야."

"두 남자가 한 여자를 사랑한다면?"

"그 경우 누군가가 다른 사람의 사랑을 위하여 행복을 희생하게 되겠지."

"그녀가 그들 중 한 사람을 사랑한다면?"

"다른 한 사람이 그녀의 행복을 위해 자신의 감정을 희생하게 되겠지."

"그녀가 둘 모두를 사랑하고 그들이 모두 희생하려 한다면, 그녀는 결코 결혼하지 못하는 것 아닌가?"

"아니지, 장로들이 그 문제에 관여해서 모든 사람에게 가장 큰 사랑으로 최선이 되도록 검토하고 자문하게 될 거야."

"너는 그런 일이 실제 일어나지 않을 것을 알고 있어! 그것이 본성에 반한 것이기 때문이야."

"인간 본성에 반한 것? 본성이 무엇이지? 인간은 동물인 동시에 사람이야. 따라서 여자와의 관계에 있어서 인간의 동물적 본능과 불일치한다는 것은 사실이라 해도, 인간의 이성적 본성과는 일치하지. 남자가 이성이 동물적 본성에 지배되도록 할 때, 그는 동물보다 더 악하게 될 거야. 폭력과 근친상간으로 어떤 동물도 쫓아갈 수 없을 정도로 타락하게 되지. 그가 동물적 본성을 억제하기 위해 이성을 사용한다면, 그때에는 동물적 본성이 이성에 복종하게 되고 그는 행복을 얻게 될 거야."

5

"너를 돌아보면 어때?" 줄리어스가 말했다.

"네가 아름다운 여자와 함께 있는 것을 보았어. 그녀 가까이에서 돕는 것처럼 보이던데. 남편이 되겠다는 마음을 갖지 않는 것이 가능한 거야?"

"난 아직 생각해 보지 않았는데." 팜필리우스가 말했다.

"그녀는 그리스도인 과부의 딸이야. 다른 사람들처럼 그저 그들을 돕고 있어. 넌 내가 그녀를 사랑하고 결합하기를 원하는 것이 아닌지 물어보는 거지? 그 질문은 대답하기 쉽지 않아. 솔직히, 그런 생각이 들긴 했지만 아직 대답하게 행동하지 못했어. 사실 그녀를 사랑하는 친구가 또 있기 때문이야. 그 친구 역시 그리스도인이고 우리 모두를 사랑하고 있어. 그래서 그에게 고통이 될 어떠한 행동도 할 수 없어. 그런 생각을 못할 뿐더러 오직 한 가지만을 추구하지. 그것은 인간을 사랑하는 법을 실천하는 일이야. 물론 필요하다고 느낄 때, 그때는 결혼할 거야."

"하지만 그녀의 어머니에게 부지런하고 훌륭한 사위를 얻는 것이 작은 문제는 아닐 텐데. 그녀는 다른 사람을 원하지 않을 거야."

"아니야, 그녀의 어머니는 우리 모두가 그녀를 섬길 준비가 되어 있다는 것을 알기 때문에 그것은 중요하지 않아. 내가 사위가 되는 것과 상관없이 어머니를 섬겨야 해. 물론 내가 그녀의 사위가 된다면 기쁜 일이고, 혹시 그녀가 다른 사람과 결혼하더라도 마찬가지로 기쁘게 받아들일 거야."

"그건 불가능해!" 줄리어스가 소리쳤다.

"너희에 대해 못마땅한 것은 스스로 기만하고 역시 다른 사람도 기만한다는 거야. 낯선 이가 너희에 대해 말한 것은 옳았어. 네 말을 들었을 때 나도 모르게 그 삶의 아름다움을 인정했지만 곰곰이 생각해 보니 그것은 동물 같이 삶을 야만으로 이끌고 천박하게 하는 기만이라는 것을 알게 됐어."

"무엇이 야만적이라고 보는 거지?"

"이런 거지, 노동을 통해 스스로 생계를 꾸려 나간다면, 여가를 즐길 수도 없고 과학과 예술을 누릴 기회도 없지. 헤진 의복과 거친 손과 발, 너와 함께 있는 동료는 어쩌면 미의 여신이 될 수 있었을 텐데, 노예의 모습으로 살아가지. 아폴로를 찬양하는 노래도, 신전도, 시도 없고, 인간들의 삶에 광채를 더하도록 신들이 제공한 어떠한 유희도 없지. 노예나 황소처럼 일하는 것, 단지 거칠게 섭생하기 위해 일하는 것은 자신의 뜻과 본성을 자발적으로 함부로 하는 것이 아닌가?

"또 인간의 본성!" 팜필리우스가 말했다.

"어디에 인간의 본성이 있는 거지? 한계를 넘어서도록 일을 시킴으로 노예에게 고통을 주는 것, 형제를 죽이고 그들을 노예로 만드는 것, 그리고 여자를 쾌락의 도구로 만드는 것, 거기에 있는 건가? 이 모든 것들이 삶의 아름다움을 위해 필요한 것이라고 생각하는 것인가. 그것이 인간 본성인가? 아니면 사랑 안에 살고, 그들과 조화를 이루고 공동체 구성원으로서 자신을 간주하는 것이 인간 본성인가?

"우리가 예술과 과학을 인정하지 않는다면, 크게 잘못 생각하고 있는 거야. 우리는 인간 본성이 부여받은 능력을 높게 평가하고 있어. 능력은 오직 동일한 결말을 위한 수단으로 간주하고 있어. 그것은 삶을 거룩하게 하는, 즉 하나님의 뜻을 실현하는 것을 의미해. 우리는 예술과 과학을 한가한 사람들이 시간을 소일하기 위한 유희로 보지 않아.

과학과 예술을 모든 인간의 과업으로서, 하나님과 이웃에게 사랑을 구현하고 그리스도인의 삶의 목표가 되어야 하는 것으로 필요하다고 생각해. 진정한 과학은 더 나은 삶을 위해 도움이 되는 것이고, 또 예술은 우리의 사고를 맑게 하고 영혼을 고취시키며 우리의 노동과 사랑의 삶을 위해 필요한 힘을 강화시키는 것으로 존중하지.

그런 지식에 대해 가능한 한 우리 자신과 아이들이 개발을 게을리 하지 않도록 노력하고 예술 역시 기꺼이 시간을 할애할 것으로 생각하지. 우리보다 앞서 산 분들의 업적을 독서하고 연구하지. 노래를 부르고 그림 그리며, 시와 그림은 우리의 영혼을 감싸고 애통한 순간마다 위로하지.

그것이 우리가 너희들이 예술과 과학을 수단으로 적용하는 것들에 대해 인정하지 못하는 이유이기도 해. 학식있는 사람들은 영적 능력을 인간을 해치는 수단을 고안하는 것에 차용하고 있기 때문이야. 그들은 전쟁의 도구를 만들어내는데 그것은 살인 행위와 마찬가지야. 그들은 다른 사람의 희생의 대가로 부를 쌓는 새로운 방법을 터득하지. 예술은 너희 중 더 많은 교육을 받은 사람들이 오래 전에 이미 믿기를 포기한 바로 그 신들에게 경의를 표하기 위한 신전들의 건축과 장식에 사용되지. 또한 다른 사람들이 그 신을 믿도록 격려하고 있어. 그것은 그들을 통해 권력을 더 잘 지킬 수 있기 때문이야. 가장 강력하고 잔인한 독재자를 위해, 누구도 존경하지 않고 두려워하는 그를 위해 석상을 세우지. 극장 공연은 죄 지은 사랑을 찬미하는 것들이야. 음악은 화려한 연회장에서 먹고 마시며 배불리는 부자들을 위해 연주되지. 그림은 제정신이거나 동물적 열정에 마비되지 않은 사람들은 얼굴을 붉히지 않고는 도저히 쳐다볼 수 없는 장면을 묘사하며 유흥과 환락이 펼쳐지는 곳에 걸려 있지.

인간에게 있는 동물보다 더 높은 능력은 그런 목적을 위해 주어진 것이 아니야. 육체적 만족을 위해 그런 능력들이 사용되어서는 안 돼. 우리는 하나님의 뜻을 실현하기 위해 우리의 삶을 헌신하면서 그 섬김에 특별히 우리의 달란트를 사용하고 있어."

"그렇군." 줄리어스가 말했다.

"그런 조건 아래 살아가는 것이 가능하다면 네가 말한 것은 정말 훌륭할 거야. 그러나 사람은 그렇게 살 수 없어. 너는 자신을 기만하고 있어, 우리의 법과 제도와 군대를 비난하고 있어. 국가가 제공하는 보호를 인정하지 않는 거야. 로마군대가 아니었다면 네게 평화가 있었을까? 너는 스스로 인식하지 못하고 국가의 보호라는 혜택을 받고 있다는 걸 알아야 해. 물론 일부 사람들은 스스로를 지키는 사람들도 있겠지. 또 한 가지는 너희가 사유재산권을 인정하지 않으면서 그것을 이용하고 있다는 거야. 그것을 가진 쪽은 우리이고 또 그것을 너희에게 주고 있지. 너희들은 자신들의 포도를 나누고 있는 것이 아니야. 오히려 그것을 팔아 다른 것들을 사고 있지. 그 모든 것이 기만이야! 너희가 말한 그대로를 행한다면 그것은 모두 맞는 말이겠지. 하지만 너희는 자신과 다른 이들을 기만하고 있어!"

그는 흥분해서 마음속에 있는 생각들을 토해내고 말았다.

팜필리우스는 조용히 기다렸고, 줄리어스가 말을 마쳤을 때 입을 열기 시작했다.

"우리가 너희의 보호를 인정하지 않으면서 그것을 이용한다는 네 생각은 잘못된 거야. 우리의 편리를 위해 필요한 것들은 그런 것들과는 달라. 누구도 우리로부터 가져갈 수 없는 것들이야. 우리의 손을 거쳐 형성하는 물질이라도, 우리의 소유로 간주하지 않고 생계를 위해 필요한 누군가에게 나누어 주지. 다시 말해 포도를 사고자 하는 사람들에게 팔고 또 그것을 필요로 하는 사람들을 위한 물품들을 구한다는 거야. 누군가 우리로부터 포도를 얻으려 한다면 우리는 거부하지 않고 내어 줄 거야. 마찬가지로 야만인들의 습격 역시 두려워하지 않아. 그들이 우리가 수확한 것을 가져가고자 한다면 허용할 거야. 그들을 위해 일하기를 요구한다면 또한 기쁘게 그렇게 할 거야. 그들은 우리를 해치거나 부당하게 대할 이유가 없고 그들의 이익과 관련해서 분쟁을 일으키지도 않을 테니까. 그들은 곧 상황을 이해하고 누군가를 사랑하는 것을 배우게 될 거야. 지금 우리를 에워싼 채 핍박하는 대단한 사람들보다 고통을 덜 주겠지.

너는 필요한 것은 오직 소유권을 인정해야 생산될 수 있다고 하지만, 정말 누가 삶에 필요한 것을 생산하고 있는지 잘 생각해봐. 네가 그렇게 자랑하는 모든 부는 땀 흘려 일한 사람들로부터 온 것이 아닌가? 손가락 하나 까닥하지 않으면서 노예와 일꾼에게 지시하는 그들, 모든 재산을 품안에 간직한 그들에 의해서 생산된 것인가, 아니면 하루하루 양식을 위해 주인의 명령을 수행한 가난한 노예들, 당장 하루 끼니조차 넉넉지 못한 아무런 재산도 가지지 못한 그들에 의해 생산된 것인가?

또한 이해할 수 없는 명령을 수행하려고 온 힘을 다 쏟는 노예들이 만약 명확하게 이해되고 자신들이 납득할 수 있는 목표를 위해 일하도록 허용된다면, 그들과 사랑하는 이들을 위해 일하지 않겠나?"

"넌 우리가 갈망하는 것을 완전히 얻지 않는 것과 우리가 인정조차 하지 않으면서 폭력과 재산을 이용하는 것을 비난하지. 우리가 사기꾼이라면, 말이 필요 없고 분노와 폭로도 무의미하며 오직 경멸만이 있겠지. 기꺼이 너의 비난을 받아들일 수 있어. 나의 비천함을 인정하기 때문이야."

"우리의 고백을 진심으로 갈망한다면 기만이라고 비난하는 것은 정당하지 않아. 우리, 나와 나의 형제들 같이 스승의 가르침을 실현하기를 갈망하고, 폭력이나 폭력으로 얻은 사유재산을 갖지 않고 살아가고자 하는 것은, 우리가 무익하게 생각하는 외형적인 결과, 부와 명예 같은 것이 아닌 다른 무엇을 위해 그렇게 하는 것이지.

우리도 너와 마찬가지로 행복을 추구해. 그것이 갖고 있는 개념이 다를 뿐이야. 너는 행복이 부와 명예에서 발견될 수 있다고 믿지만 우리는 다른 무언가에 있다고 믿어. 우리의 믿음은 행복이 폭력에 있지 않고 복종에 있다는 것을, 부에 있지 않고 모든 것을 포기하는 데 있다는 것을 보여주지. 마치 식물이 빛을 향해 갈망하듯이 우리의 행복을 향한 방향으로 나아가지 않을 수 없어.

우리는 행복을 위해 갈망하는 모든 것을 다 이루려 하지 않아. 그것은 사실이야. 그러나 다른 방법이 있을까? 넌 가장 아름다운 아내와 가장 큰 부를 갈망하지만 그것들을, 아니 그 중 하나라도 가진 적이 있나? 만일 궁수가 표적을 맞히지 못한다면, 그가 자주 실패한다고 해서 과녁을 겨누는 일을 중단할까? 우리도 마찬가지야. 그리스도의 가르침에 따르면, 우리의 행복은 사랑 안에 있네. 우리는 행복을 추구하지만 절대 완전할 순 없고 각자의 방법으로 달성하지."

"그래, 하지만 왜 인간의 지혜를 믿지 않는 거지? 그것으로부터 등을 돌리지? 왜 십자가에 못 박힌 예수그리스도만 믿는 거지? 그에 대한 너의 노예 같은 굴종, 그것이 나를 거부하게 하는 거야."

"네가 또 오해하고 있어. 많은 사람들이 우리가 믿는 그분에게 얽매여서 믿음을 지키고 있다고 생각하지. 반대로 하나님 아버지에 대한 진리와 공동체의 지식을 추구하는, 다시 말해서 선을 추구하는 영혼의 사람들은 자신도 모르게 그리스도를 좇는 삶을 걷게 되고 그분을 볼 수밖에 없고 따르게 되는 거야! 하나님을 사랑하는 모든 사람은 그 길에서 만나게 되고, 너 역시 그렇게 될 거야!

우리의 스승은 하나님의 아들이고 하나님과 인간 사이의 중재자이지. 누가 그렇게 말했기 때문이 아니라 우리는 그것을 구속적으로 믿어. 하나님을 좇는 자는 그들 앞에 하나님의 아들을 발견하게 되고 오직 그분만을 통해서 자신도 모르게 이해하게 되고 보게 되고 하나님을 알게 되지."

줄리어스는 아무 말을 하지 않은 채 오랫동안 조용히 앉아 있

" 우리의 스승은 하나님의 아들이고 하나님과 인간 사이의 중재자이지. 누가 그렇게 말했기 때문이 아니라 우리는 그것을 구속적으로 믿어. 하나님을 좇는 자는 그들 앞에 하나님의 아들을 발견하게 되고 오직 그분만을 통해서 자신도 모르게 이해하게 되고 보게 되고 하나님을 알게 되지 "

었다.

"행복해?"

그가 묻자 팜필리우스가 웃으며 말했다.

"더 이상 바랄 수 없을 정도로. 오히려 너무나 행복해서 혼란스럽기도 하고, 불공평한 것 아닌가 생각이 들 정도야."

"그래." 줄리어스가 말했다.

"내가 길에서 낯선 이를 만나지 않고 네게 갔더라면 더 행복했을지도 모르겠어."

"그렇게 생각한다면 무엇이 걸리는 거지?"

"아내를 생각하면……."

"그녀가 그리스도교에 기울어 있다고 말했잖아. 그녀는 네 생각을 따를 거야."

"하지만 우리는 이미 다른 삶을 살고 있어. 어떻게 그것을 깰 수 있을까? 시작한 이상, 그렇게 살아가야 해."

줄리어스는 아버지, 어머니, 친구들, 무엇보다 변화를 위해 자신이 기울여야 했던 노력을 떠올리며 말했다.

바로 그때, 팜필리우스와 함께 온 아가씨가 한 청년과 함께 문쪽으로 다가왔다. 줄리어스가 함께 있던 팜필리우스가 그들에게 가자, 청년은 키릴 장로가 가죽을 사도록 자신을 보냈다고 설명했다. 팜필리우스는 이미 포도는 다 팔았고 밀가루도 구한 상태였다. 팜필리우스는 청년에게 막달렌과 함께 밀가루를 가지고 집으로 돌아갈 것을 제안했다.

"그렇게 하는 것이 자네에게 더 나을 것 같네."

그리고는 자신은 가죽을 구해서 집에 가겠노라고 덧붙였다.

"아닙니다, 막달렌은 당신과 함께 가는 편이 나을 거예요."

청년은 그렇게 말하고 가 버렸다.

팜필리우스는 줄리어스와 함께 상점으로 돌아가서 밀가루를 자루에 나눠 담았다. 막달렌에게는 작은 자루를 주고 자신은 무거운 것을 들고, 막달렌과 함께 줄리어스에게 작별인사를 한 후 도시를 떠났다.

길모퉁이를 돌아설 때 그는 줄리어스를 향해 웃으며 고개를 끄덕였다. 그러고 나서 더욱 환한 미소를 지으며 막달렌에게 무언가 말을 건넸고 시야에서 사라졌다.

"그래, 그때 그에게로 갔다면 더 좋았을 텐데." 줄리어스는 생각했다.

그의 머릿속에 두 개의 이미지가 엇갈리며 떠올랐다.

머리에 바구니를 이고 가는 상냥하고 밝은 얼굴의 활기찬 팜필리우스와 키가 크고 건강한 아가씨의 모습, 그리고 아침에 길을 나섰고 이제 곧 돌아가야 하는 집안의 벽난로, 그곳에 아름답지만 응석받이로 자랐고 이제 지겹고 따분하기까지 한 아내가 팔찌와 화려한 의복을 입은 채 양탄자 위 방석에 앉아 있는 모습이 엇갈렸다.

그러나 이런 생각을 오래 할 틈도 없이 몇몇 동료 상인들이 그에게 와서 늘 하던 대로 업무를 처리했고, 저녁을 마친 후 술을 마시며 여인들과 밤을 즐겼다.

6

십 년이 지났다. 줄리어스는 팜필리우스를 다시 만나지 못했다. 그와의 만남도 서서히 기억 속에서 사라졌으며 그리스도인에 대한 인상도 지워지고 있었다.

줄리어스의 삶은 평범한 일상의 연속이었다. 십 년 사이에 아버지가 돌아가셨고 아버지의 사업을 물려받게 되었는데 만만치 않은 일이었다. 단골손님들, 아프리카로부터 온 고객, 직원들, 갚아야 할 그리고 받아야 할 채권 채무가 쌓여 있었다.

줄리어스는 자신도 모르게 그 일에 몰입하게 되었고 모든 시간을 일에 바쳤다. 한편 새로운 일이 그에게 주어졌다. 그는 공직자로 선출되었고, 이 새로운 일은 그의 허영심을 부추기며 유혹했다. 사업뿐만 아니라 이제 공무까지 보게 되고 동료들 사이에서 경영자로, 훌륭한 연설가로서 인정받기 시작했다. 그는 더 높은 공직에 오를 수 있을 것 같았다.

가족들 사이에서는 갖가지 유쾌하지 않은 변화가 십 년 동안 이어지고 있었다. 세 아이가 태어났고, 이로 인해 그는 아내를 가까이 하지 못했다. 아름답고 생기가 넘쳤던 아내는 아이들이 생긴 후 남편에게 관심을 가질 겨를이 없었다. 그녀의 온화함과 사랑의 표현이 모두 아이들에게 집중되었다. 이교도인의 관습에 따라 아이들은 유모의 손에 키워졌지만, 줄리어스는 가끔 아내가 아이들과 함께 있거나 아내의 방이 아닌 곳에서 그녀가 아이들과 함께 있는 것을 보게 되면서, 대부분 아이들에 대해 기쁨보다 성가신 존재로 인식되었다.

그는 사업과 공무를 함께하면서, 과거의 방탕한 삶을 포기했으나 일을 마친 후 뭔가 품위 있는 활동이 필요하다고 생각했다. 하지만 줄리어스는 그것을 아내와 함께 찾지 않았다. 더욱이 그 시기에 아내는 그리스도인 노예소녀와 친밀하게 지내면서 점점 더 새로운 가르침에 매료되었으며, 외형적이고 이교도적으로 줄리어스를 매료시킨 것들을 모두 내려놓았다. 아내에게서 그가 원하는 것을 찾지 못한 채, 줄리어스는 천박한 여자와 관계를 갖게 되었고 공무 후에 남아서 그녀와 여가를 즐겼다.

그에게 십 년 동안 행복했는지 불행했는지를 물어보았다면 대답할 수 없었을 것이다. 그는 너무나 바빴다! 공무 또는 유흥에서 또 다른 공무나 유흥으로 옮겼지만 어느 것도 완전히 그를 만족시키지 못했고 지속되었으면 하고 바랄 만한 것도 없었다. 그의 행위들은 하루속히 그 일로부터 벗어나야 하는 것들이었고, 그의 즐거움은 어떤 면에서 독이 되는 것으로 지루함과 싫증이 섞여 있었다.

이런 식으로 살아가고 있을 때, 삶에 대한 태도를 완전히 바꾸는 일이 벌어졌다. 그가 출전한 올림픽경기 전차경주장 사건이었다. 그의 전차는 결승점을 향해 잘 달리고 있었다. 그런데 갑자기 그를 추월하던 전차와 충돌했다. 전차 바퀴가 부서졌고, 그는 한쪽 팔과 갈비뼈 두 대가 부러졌다. 생명에는 지장이 없었으나 심한 중상이었으므로 삼 개월이 넘도록 집안 침대에 누워 있게 되었다.

그는 삼 개월 동안 심한 육체적 고통을 겪으면서, 정신이 변화되었고 삶을 마치 다른 누군가의 삶처럼 돌아보게 되었다. 그의 삶은 비관적으로 비춰졌다. 그 기간 동안 일어난 어려운 일들이 그로 하여금 더욱 비탄에 빠지게 했다. 첫 번째는 아버지가 신뢰하던 종인 흑인 노예가 그가 아프리카에서 받은 귀한 보석을 가지고 도망간 일이었고, 그로 인해 줄리어스의 업무가 심한 손실을 입고 혼란을 겪었다. 두 번째는 정부(情婦)가 다른 남자에게 떠난 것이었다. 세 번째 가장 불쾌한 일은, 병상에 있는 동안 선거가 있었고 정적이 그가 원하던 자리를 차지하게 되었다.

이 모든 것이 그의 전차바퀴가 왼쪽으로 손가락 넓이만큼 벗어난 사고로부터 비롯된 것처럼 느껴졌다. 홀로 침대에 누워 자신도 모르게 그런 사소한 일로 행복이 좌지우지된다는 것을 알아차리게 되었다. 이러한 생각들이 꼬리에 꼬리를 물어 불운했던 과거를 돌아보게 하였고, 그리스도인들에게 가려고 했던 시도가 다시 떠올랐다. 마침내 십 년 동안 만나지 못한 팜필리우스를 기억해 냈다.

이러한 회상들은 아내와의 대화를 통해 더욱 활발해졌다. 아내는 그가 병상에 있는 동안 노예소녀로부터 들은 그리스도교에 대한 모든 것을 전해 주었다. 노예소녀는 한때 팜필리우스와 함께 공동체에 있었고 그를 알고 있었다. 줄리어스는 노예소녀를 만나고 싶었다. 노예소녀가 그의 병상으로 오자 그리스도 공동체에 대해 자세히 묻고 특히 팜필리우스에 대한 여러 질문을 하였다. 노예소녀의 말에 의하면, 팜필리우스는 형제들 가운데 최고 중 한 사람이었고 모두에게 사랑과 존경을 받는 사람이었다. 그는 십 년 전에 줄리어스가 본 바로 그 막달렌과 결혼했으며 벌써 몇몇 자녀를 두고 있었다.

"그래요, 하나님이 행복을 주기 위해 사람을 창조하셨다는 것을 믿지 않는 사람이라면 누구나 그들에게로 가서 그들의 삶을 봐야 해요."

노예소녀는 그렇게 말을 맺었다.

혼자 남은 줄리어스는 노예소녀가 한 말들을 생각했다. 팜필리우스의 삶을 자신의 삶과 비교하자 부러운 마음과 함께 더 이상 생각하고 싶은 마음이 사라졌다. 마음을 다른 데로 돌리기 위해 아내가 침대에 남겨 둔 헬라어 필사본을 읽기 시작했다.

두 가지 길이 있다. 하나는 생명의 길이요 하나는 죽음의 길이다. 생명의 길은 이렇다. 첫째, 너희를 창조한 하나님을 사랑하라. 둘째, 너희 이웃을 네 자신처럼 사랑하라. 그리고 너희는 너희가 다른 사람이 너희에게 하기를 원치 않는 것을 하지 마라.

이제 이 말씀의 뜻은 이런 것이다. 너희를 저주하는 자를 축복하라, 너희를 박해하는 원수를 위해 기도하라. 너희를 사랑하는 자만을 사랑하면 무슨 이익이 있겠는가? 이방인도 그렇게 하지 않는가? 너희를 미워하는 자를 사랑하라. 그러면 너희에게 원수가 없을 것이다. 모든 육적이고 세상적인 욕망을 멀리 하라. 만일 누군가가 네 오른쪽 뺨을 때리면 그에게 다른 뺨도 돌려라, 그리하면 온전해질 것이다.

만일 누가 일 마일을 가자고 하면, 이 마일을 가라. 만일 그가 너희에게 속한 것을 가져가거든, 그것을 다시 요구하지 말라. 이것은 네가 해서는 안 되는 것이다. 만일 그가 네 외투를 가져가면, 그에게 너의 속옷도 주어라. 누군가 너희에게 요구하면 그것을 주어라. 그리고 돌려줄 것을 요구하지 마라. 아버지는 너희 모두가 풍성한 선물을 받기를 원하시기 때문이다. 계명을 따라 베푸는 자에게 복 있을 지어다!

가르침의 두 번째 계명은 이러하다. 살인하지 말라, 간음하지 말라, 음란에 빠지지 말라, 도둑질하지 말라, 마술을 부리지 마라, 해악을 행하지 마라, 네 이웃의 재물을 탐하지 마라, 맹세하지 마라, 거짓증거하지 마라, 악한 말을 하지 마라, 모욕을 기억하지 마라, 두 마음을 품지 말고 일구이언하지 마라. 너의 말이 거짓되거나 빈 말이 되지 않도록 하고 행위와 일치시켜라. 욕심내지 말고, 강탈하지 말며, 위선하지 말며, 화를 내지 말며, 교만하지 말라.

이웃에 대하여 악의를 품지 말고 증오하지 말며 비난하지 말라. 다른 이를 위해 기도하고 네 자신의 영혼보다 다른 이를 더욱 사랑하라.

내 아들아! 악과 악의 모습을 가진 모든 것들을 피하라. 화를 내지 마라. 화는 살인을 부르느니라. 질투하지 말며 다투지 말고 정욕을 품지 마라. 이 모든 것들은 살인을 부르느니라. 내 아들아! 음욕을 품지 마라. 음욕은 음란함으로 이끄느니라. 더러운 입술을 갖지 마라, 이는 간음에 이르기 때문이다.

내 아들아! 거짓되지 마라, 이는 거짓은 도적질에 이르느니라. 돈을 좋아하지 말고 허영을 하지 말라, 이는 또한 도적질에 이르느니라.

내 아들아! 불평하지 말라, 그것은 신성모독에 이르느니라. 거만하지 말며 악한 생각을 하지 마라, 이 모든 것들은 역시 신성모독에 이르느니라. 겸손하라. 온유한 자가 땅을 물려받을 것이라. 오래 참고 자비하며 용서를 베풀고 겸허하며 친절하고 들은 말을 유의하라. 너 자신을 높이지 말며, 너의 영혼을 거만에 굴복치 말며 교만으로 나아가지 말며, 겸손과 정의에 가까이 하라. 하나님의 뜻 없이는 아무것도 일어나지 않음을 알고 있으므로 모든 일에 축복으로 받아들여라.

내 아들아! 불화를 심지 말라, 그러나 다투는 자들과 화해하라. 받기 위해 손을 뻗지 말며 주는 것을 방해하지 말라. 주기를 더디 말며, 줄 때에 불평하지 말지니 보상이 많은 것을 알게 될 것이니라. 궁핍한 자를 외면하지 말고 모든 것을 너희 형제들과 함께 나누어라. 너 자신의 소유를 말하지 말지니 너희가 썩지 않을 것의 분배자라면, 썩어 없어질 것을 얼마나 많이 분배하겠는가. 너희 자녀들이 어릴 때에 하나님을 경외하도록 가르쳐라. 화로써 노예를 다루지 말지니 이는 그가 네 위에 계신 하나님을 경외하기를 그칠까 하노라. 그분은 사람을 차별하지 않으시며 성령께서 준비한 자를 부르기 때문이니라.

그러나 이것은 죽음의 길이다. 모든 것이 진노이고 저주로 가득 찬 것이다. 살인과 간음, 정욕, 음란, 도적질, 우상숭배, 마술, 악독, 약탈, 거짓증언, 위선, 기만, 간교, 교만, 사악함, 거만, 탐욕, 외설, 시기, 오만, 주제넘음, 허영이 이것이다.

이는 의로운 자를 박해하는 자이며 진리를 미워하는 자이며 거짓을 사랑하는 자이며 의에 대한 보상을 모르는 자이며 선한 것과 의로운 심판으로 나아가는 것을 모르는 자이며 선한 것이 아닌 악한 것에 깨어 있는 자, 온유와 인내로부터 멀리 있는 자이니라.

이는 허영을 사랑하는 자이며 보상을 받는 자이며, 이웃에 대해 동정하지 않고 억압받는 자를 위하여 수고하지 않는 자이며 그들의 창조주를 모르는 자이니라.

이는 아이들을 살해하는 자이며 하나님의 형상을 파괴하는 자이며 궁핍한 자로부터 등을 돌리는 자이며 억압당하는 자를 억압하는 자이며 부자의 변호자이며 가난한 자의 불공정한 심판자이며 모든 일의 죄인이니라. 자녀들아, 이 모든 것을 경계할지니라!

필사본을 끝까지 읽기도 전에 줄리어스는 그의 온 영혼이 진리를 향한 갈망으로 성경을 읽는 사람들에게 종종 나타나는 현

상, 즉 그런 마음을 불어넣어 준 사람들과 영적인 교감을 경험하였다. 줄리어스는 읽어 나가면서 앞으로 다가올 것을 예측하였고 생각이 일치할 뿐만이 아니라 성경에 표현된 것들이 자신을 표현하는 것처럼 느껴졌다.

그는 일상적인, 그러나 신비스럽고 의미있는 현상으로 많은 사람들이 느끼지 못하는 그런 경험을 했다. 그것은 살아 있다고 생각되는 사람이 죽었다고 생각되는 사람들과 교류에 들어감으로 진정한 생명을 갖게 되고 그들과 함께 한 생명으로 결합되는 경험이었다.

줄리어스의 영혼은 그런 생각들을 글로 쓰고 영감을 불어넣은 사람과 교감하였고, 이런 영적 교감에 비추어 자신의 삶을 묵상하였다. 그러자 모든 것이 끔찍한 실수로 보였고, 그는 살아온 것이 아니라 걱정과 유혹 속에서 삶의 가능성을 파괴해 온 것만 같았다.

"나는 삶을 파괴하고 싶지 않아. 살고 싶고 생명의 길을 따르고 싶어!"

그는 자신에게 말했다.

그는 팜필리우스가 지난 만남에서 말한 것을 기억했다. 이제 그것이 명확하고 의심의 여지가 없었고 낯선 이의 말을 듣고 그리스도인에게로 가다가 그만둔 일이 놀랍게 느껴졌다.

그는 낯선 이가 '인생의 경험을 한 후에 가게나!'라고 했던 말을 기억했다.

'그래, 나는 인생의 경험했고 아무것도 없음을 발견했어!'

또한 팜필리우스가, 그가 언제든지 그리스도인들에게 온다면 반갑게 맞이할 것이라고 한 말을 떠올렸다.

"나는 잘못을 저질렀고 충분히 고통을 당했어! 모든 것을 포기하고 그들에게 가서 성경에서 말한 대로 살 거야!"

줄리어스는 자신에게 말했다.

그는 아내에게 계획을 말했고 그 말을 들은 아내는 기뻐했다.

그녀는 모든 것이 준비되어 있었다. 한 가지 어려운 것은 어떻게 그 계획을 실행하느냐 하는 것이었다. 아이들은 어떻게 할 것인가? 데리고 갈 것인가 아니면 할머니에게 맡길 것인가? 데려 간다면 어떻게 데리고 갈 것인가? 곱게 자란 아이들이 그 거친 생활의 어려움을 따라갈 수 있을까?

노예소녀는 그들을 데리고 갈 것을 제안했다. 그러나 아이들의 엄마는 걱정이 되어 할머니에게 남기고 가는 편이 나을 것이라고 했다. 두 사람은 동의했다. 모든 것이 결정되었다. 단지 줄리어스의 몸 상태가 실행하는 것을 지연시켰다.

7

줄리어스는 그런 마음 상태에서 잠이 들었다. 아침에 실력 있는 의사가 도시를 찾아왔고 그가 빠르게 회복될 것이라고 장담하며 그를 만나기를 원한다고 했다. 그는 기꺼이 의사를 만나기로 했는데 의사는 다름 아닌 줄리어스가 그리스도인들과 합류하기 위해 길을 떠났을 때 만난 바로 그 낯선 이로 밝혀졌다. 그의 부상을 검사한 의사는 회복을 돋구어 줄 약초를 처방했다.

"손발을 써서 일할 수 있을까요?" 줄리어스가 물었다.

"물론이죠! 글도 쓰고 전차도 운전할 수 있을 거예요."

"땅 파기 같은 힘든 일도?"

"글쎄, 그건 생각 못해 봤는데." 의사는 말했다.

"그런 일은 당신 같은 지위의 사람들에겐 불필요한 것이기 때문이죠."

"아니오, 그게 바로 제가 원하는 일이에요." 줄리어스가 말했다.

의사에게, 그를 만난 이후 그의 충고를 따라 인생을 경험한 이야기를 늘어놓았고, 그가 확신하던 것을 얻지 못했다는 것과, 이제 바라던 대로 시행하기로 했다고 전했다.

"그들이 온갖 속임수를 동원해 당신을 홀린 것이 분명하군요.

당신의 지위와 책임에도 불구하고 특히, 당신의 자녀들에 관해서는 더욱 그래요, 당신은 아직 그들의 잘못을 보지 못하고 있군요."

"이걸 읽어 보세요!"

줄리어스는 짧은 대답과 함께 그에게 자신이 읽고 있던 필사본 성경을 건네주었다.

의사는 필사본을 들고 그것을 바라보았다.

"나도 이것을 알고 있습니다." 그가 말했다.

"이 속임수를 알고 있어요, 그리고 당신 같은 사람이 그런 올무에 걸린다는 사실이 놀랍군요."

"당신을 이해할 수 없군요, 어디에 올무가 있습니까?"

"모든 것은 사람들의 삶을 통해 검증된 것입니다! 이 현학자들과 저항자들은 사람과 신들에 저항해서 모든 사람이 행복해질 것이고 전쟁과 처형도 없고 빈곤과 부패도 없고 투쟁이나 분노도 없는 생명의 길을 제시합니다. 그들은 이 상태가 인간이 다투거나 음욕을 품거나 맹세하거나 폭력을 쓰거나 다른 국가를 향해 무기를 들거나 하지 않고 그리스도의 법을 성취할 때 이루어진다고 합니다. 그러나 그들은 목적을 수단으로 생각함으로써 그들 자신과 다른 사람을 기만하고 있습니다."

"그들의 목적은 다투지 않고 맹세로 스스로 구속하지 않으며,

방탕하지 않는 등등 그런 목적은 사회적 삶을 통해서 얻어질 수 있는 거지요."

"그들이 말하는 것은 마치 활을 가르치는 선생이 '네 화살이 일직선으로 날아가면 과녁을 맞출 것이다'라고 말하는 것과 같습니다. 문제는 어떻게 화살이 일직선으로 날아가느냐 하는 것입니다. 그 답은 팽팽한 활시위와 유연한 활, 곧은 화살을 얻으므로 얻어질 수 있는 것이고 사람들이 다툴 문제가 아닙니다. 인생도 마찬가지죠. 최상의 삶은 사람이 다툴 필요도 없고, 음탕하거나 살인을 할 필요가 없는 삶입니다. 그것은 팽팽한 활시위와 같은 지도자와, 유연한 활과 같은 통치력, 곧은 화살과 같은 법의 정의가 있을 때 가능한 거죠. 그러나 그들은 더 나은 삶을 위한다는 명목 아래 삶이 개선되거나 개선하는 모든 것을 파괴합니다. 정부도 권력기관도 법도 인정하지 않습니다."

"그들은 사람이 그리스도의 법을 이행하면, 통치자나 권력기관이나 법 없이 더 나아질 것이라고 말합니다."

"그래요. 하지만 인간이 그리스도의 법을 이행할 거라고 보증하는 게 무엇이죠? 아무도 없습니다. 그들은, 당신이 통치자와 법 아래에서 삶을 경험했다고 말합니다. 지금 통치자와 법 없이 그것을 해보세요, 그러면 명확해질 거예요. 당신이 이것을 부인할 수 없어요. 그것을 시도하지 않았기 때문이죠. 그러나 이것은 명백히 궤변입니다. 그렇게 말하는 건 사실 어떤 사람이 농부에게 이렇게 말하는 것과 마찬가지가 아닐까요? '당신은 땅에 씨를 뿌리고 흙을 덮었지만 아직 당신이 원하는 수확을 거두지 못했습니다. 바다에 씨를 뿌리세요. 그렇게 하는 것이 나을 겁니다. 당신은 나의 제안을 거부할 수 없어요. 그것을 해보지 않았기 때문입니다'라고 말입니다."

"그래요, 맞습니다,"

줄리어스는 흔들리기 시작했다.

"그게 전부가 아닙니다." 의사는 계속해서 말했다.

"불합리와 불가능에 대해 말하자면, 그리스도 가르침이 약물처럼 부어넣을 수 있는 것이라고 가정해 봅시다. 갑자기 사람들이 하나님을 사랑하고 이웃을 사랑하라는 그리스도의 가르침을 실현하고 계명을 충족하기 시작한다고 가정해 봅시다. 그 모든 것을 가정해도, 그들이 반복해 가르친 생명의 길은 아직 시험을 받지 않은 것입니다. 삶은 종국에 이르고 인류는 사라질 것이오. 그들의 스승은 젊은 방랑자이고 추종자들도 마찬가지입니다. 살아있는 자들은 그들의 시간을 유지하지만 그들의 자손은 살아남지 못할 거요. 그들의 가르침에 따르면 자녀들은 그들의 자녀이든 아니든 모든 어머니와 아버지에게 마찬가지 존재여야 합니다. 모성 속에 심겨진 헌신과 사랑이 자녀들이 살아남지 못하는 상황을 볼 때 어떻게 돌볼 수 있겠소? 이런 헌신이 아이들에게 똑같이 분배되는 연민으로 바뀐다면 어떤 일이 일어날까요? 어떤 아이가 돌봄 가운데 살아남을 수 있겠소? 어머니 외에 누가 병들고 악취 나는 아이를 밤새 뜬눈으로 지킬 수 있겠소? 모성이라는 본성은 자식에 대해 그런 보호를 하도록 하지만, 그리스도인들은 그러한 보호를 박탈하려 할 뿐 아무것도 대신할 것을 제공하지 않아요! 누가 아들을 교육시키고, 어떤 아들이 그의 아버지와 같이 통찰하겠습니까? 누가 아들을 위험에서 지켜줍니까? 이 모든 것을 그리스도인은 거부합니다. 모든 생명, 즉 인류의 존속이 끝나는 거요."

"역시 그 말이 맞네요." 줄리어스는 의사의 유창한 설득에 넘어갔다.

"그래요. 그런 헛소리에 신경 쓰지 말고 이성적으로 사세요. 특히 지금은 중대하고 심각하며 절박한 책임이 있소. 그것을 완수하는 것이 당신의 명예의 문제요. 당신은 의심을 품는 두 번째 시기에 이르렀지만 계속 가다보면 의심은 사라질 것이오. 가장 우선적인 명확한 의무는 지금까지 게을리 했던 자녀들을 교육시키는 것이오.

자녀들을 나라에 제 몫을 하는 일꾼이 되도록 교육시켜야 하오. 현재의 정치구조가 지금 당신이 가진 모든 것을 제공했소.

따라서 아이들을 훌륭한 일꾼으로 내주어야 하오. 그렇게 함으로써 아이들에게 혜택을 제공하게 되는 것이오. 또 다른 의무는 사회에 봉사하는 것이오. 당신은 우발적이고 일시적인 실패로 인해 굴욕을 당하고 낙심하였소. 그러나 어떤 것도 노력과 투쟁 없이 얻어지지 않지요. 승리의 기쁨은 어렵게 얻은 승리일 때 가장 큰 것이오.

그리스도인들의 허풍은 아내 혼자 즐기도록 내버려 두시오. 당신은 남자이고 자녀들도 남자로 키워야 합니다. 책임감을 가지고 살기 시작하시오. 그러면 모든 의심은 저절로 사라질 것이오. 의심은 당신의 병으로 생긴 것입니다. 나라에 봉사하고 아이들을 나라에 봉사하도록 준비시킴으로써 나라에 대한 책임을 다하시오. 아이들이 잘 자라도록 해서 그들이 당신의 자리를 대신할 수 있도록 하시오. 그 후에 당신이 이끌리는 삶으로 평화롭게 나아가세요. 그때까지 당신은 그렇게 할 권리가 없소. 만일 그렇게 한다면 고통 외에는 당신이 부딪힐 게 없을 겁니다."

8

약초의 효과 때문인지 현명한 의사의 충고 때문인지, 줄리어스는 빠르게 회복되었고 그리스도인의 삶을 살겠다는 그의 계획은 이제 허망한 것처럼 보였다.

며칠을 머문 후 의사는 도시를 떠났다. 줄리어스는 병상에서 일어났고 의사의 충고대로 새로운 삶을 시작했다. 그는 선생들을 구하고 아이들의 공부를 손수 감독했다. 그는 공적인 일에 시간을 쏟았고 도시에서 큰 영향력 있는 사람이 되었다. 일 년이 지났고, 그 기간 동안 줄리어스는 그리스도인에 대해 생각조차 하지 못했다.

그해가 지날 무렵, 로마제국의 지방총독이 그리스도인들의 운동을 억압하기 위하여 길리기아에 도착했고, 다소에서 재판이 열렸다. 줄리어스는 그리스도인에 대해 취해진 조치를 들었지만 그들이 팜필리우스가 살고 있는 공동체와 관련되었다는 것은 미처 생각하지 못했고 관심조차 갖지 않았다.

어느 날, 그가 공무를 보기 위해 광장을 지나는데, 허름한 옷차림의 나이 지긋한 남자가 다가왔다. 처음에는 그가 누군지 알아보지 못했다. 팜필리우스였다. 그는 한 손에 아이를 이끌고 줄리어스에게 다가와서 말했다.

"잘 있었나, 친구! 자네에게 부탁할 게 있는데, 요즘 그리스도인들이 박해받고 있는 상황이라서 나를 친구로 인정할런지 모르겠군. 혹시 조금이라도 나와의 관계로 자네의 지위를 잃을까 두려워하는 건 아닌지 모르겠네."

"난 아무도 두려워하지 않네." 줄리어스가 대답했다.

"그 증거로 자네를 우리 집에 초대하지. 포럼에서의 업무도 취소하겠네. 자네의 사정을 듣고 필요하다면 도와주도록 하지. 이리 오게나, 이 아이는 누구지?"

"내 아들일세."

"물어보나 마나지, 녀석 얼굴이 자네와 닮았는걸. 밝고 푸른 눈을 보니 엄마 그대로구먼. 자네 부인은 몇 년 전 내가 본 그 아름다운 아가씨가 맞지?"

"그렇다네." 팜필리우스가 대답했다.

"그녀는 자네와 만난 후 얼마 지나지 않아 아내가 되었다네."

집에 도착하자, 줄리어스는 아내를 불러 아이를 맡기고 팜필리우스를 그의 호화로운 응접실로 데려갔다.

"여기서는 편하게 말할 수 있네." 그는 말했다.

"우리 외엔 아무도 엿듣는 사람이 없으니까."

"누가 듣는 것은 두렵지 않네." 팜필리우스가 대답했다.

"내 부탁은 체포된 그리스도인들이 재판을 받지 않거나 처형되지 않도록 해달라는 것이 아닐세. 단지 그들이 사람들 앞에서 자신의 믿음을 선포하도록 허락해 달라는 것일세."

팜필리우스는 어떻게 당국에 붙잡혀 간 그리스도인들이 그들의 상태를 감옥에서 전할 수 있었는지를 설명했다. 장로 키릴이 팜필리우스와 줄리어스의 관계를 알고, 그를 그리스도인들을 위한 중재자로 보낸 것이다.

그들은 동정을 구하지 않았다. 그들은 그리스도가 가르쳐 준 진리를 증언하는 것을 소명으로 여겼고, 팔십 년이라는 세월 동안 순교의 길을 감으로써 그들의 본분을 다할 수 있었다. 또한 담담하게 어느 운명이든 받아들일 준비가 되어 있었고, 오십 년이 지나면 맞이할 필연적으로 닥칠 육체적 죽음에 대해 아무 두려움 없이 받아들이고 있었다.

그들은 자신들의 죽음이 다른 이들에게 도움이 되길 바랐고, 팜필리우스는 그들의 기소와 집행이 대중 앞에서 이루어지도록 부탁하려고 찾아온 것이다.

줄리어스는 팜필리우스의 요청에 놀랐다. 힘닿는 데까지 그를 돕기로 약속했다.

"자네를 돕겠네," 그는 말했다.

"우정 때문에, 그리고 항상 기억에 남아 있는 자네의 특별한 배려 때문에 돕는 것일세. 그러나 자네들의 가르침이 정말 무의미하고 해로운 것이라는 점을 말해야겠네. 이렇게 판단하는 것은 얼마 전, 몸이 안 좋아 낙심하고 좌절했을 때, 자네의 견해를 다시 마음 가운데 받아들인 적이 있었네. 그때 모든 것을 포기하고 자네들의 공동체로 가기 직전이었지. 하지만 이제 자네들의 잘못이 어디에 근거하는지 알게 되었네. 그것을 경험했기 때문일세. 그것은 자기애와 연약한 정신, 무기력에 근거하지. 자네들의 교리는 남자들이 아닌 여자들을 위한 교리일세."

"어째서 그렇지?"

"자네들은 불화가 인간 본성에 내재하며 그로부터 분쟁이 발생한다면서 분쟁에 참여하도록 가르치지 않네. 자네들이 책임져야 할 몫을 공유하지 않으면서 폭력에 기초한 세상의 조직을 이용하지, 그것이 공정하다고 생각하나? 우리가 사는 세상이 존재할 수 있는 것은 항상 통치자가 있기 때문이지. 통치자들은 우리를 나라 안팎의 적들로부터 방어하는 무거운 짐과 책임을 떠맡았고, 그 보답으로 국민들은 그들에게 복종하고 경의를 표하거나 국가에 봉사함으로 도왔지. 그러나 오만한 자네들은, 국가의 일에 참여해서 자네들의 노력과 공적의 정도에 따라 점차적으로 더 높은 지위를 오르는 대신 인간은 평등하다고 공언함으로써 아무도 자네들보다 높지 않다고 했고, 스스로 로마 황제와 동등하다고 간주하네. 그게 바로 자네들의 생각이고 다른 사람들에게 가르치지. 약하고 게으른 자들에게 그건 굉장한 유혹이야! 노예들이 일을 그만두고 당장 자신들을 로마 황제와 동등하다고 여길 수 있으니까.

이것뿐이 아닐세. 자네들은 세금과 노예와 법정과, 처형과 전쟁 등 사람들을 함께 묶는 것을 거부하지. 사람들이 자네들의 말을 듣는다면, 사회는 산산조각이 나고 원시의 야만으로 돌아갈 거야. 정부의 보호 아래 있으면서 정부를 파괴할 것을 가르치지. 그러나 자네들의 존재 그 자체가 정부에 의존하고 있다는 것이야. 정부 없이 자네들은 존재하지 않네. 정부가 존재하지 않는다면, 자네들은 스키타이족이나 자네들의 존재를 먼저 알게 되는 야만족의 노예가 될 거야. 자네들은 몸을 망치는, 그러나 몸 위에서만 살 수 있는 종양과도 같은 존재들이야. 살아 있는 몸은 종양에 저항하고 그것을 극복하지! 우리도 자네들에 대해 그렇게 하고 그렇게 할 수밖에 없네.

자네가 원하는 것을 얻도록 돕겠다는 약속하지만 자네들의 가르침을 가장 해롭고 부도덕한 것으로 간주하네. 자네들에 대해 젖줄을 갉는 것과 같이 불명예스럽고 부정하다고 보기 때문일세. 자네들은 정치구조를 이용하여 이익을 보면서, 거기에 참여하지 않고 국가 질서를 파괴하려고 하지."

"우리가 자네 생각처럼 살아간다면, 자네에게 무슨 말을 할 수 있겠나?" 팜필리우스가 대답했다.

"자네는 우리의 삶을 전혀 모르고 있네. 게다가 잘못된 관념까지 받아들였어. 우리가 사용하는 생존의 수단은 폭력의 도움

없이 얻어지는 것이지. 사치스런 습관에 젖은 자네에게는 인간이 얼마나 적은 것을 가지고도 궁핍함 없이 살아갈 수 있는지 깨닫기가 쉽지 않을 걸세. 건강한 사람은 생존을 위해 필요한 것 이상 훨씬 더 많은 것을 스스로 생산해 낼 수 있어. 공동체에서 함께 살아가면, 아이들이나 노인들, 병든 사람이나 약한 사람들에게 어려움을 주지 않고 공동작업을 통해 살아갈 수 있지.

자네는 통치자들이 국내외의 적들로부터 우리를 보호한다고 말하지만, 우리는 우리의 적을 사랑하네. 우리에겐 적이 없지. 우리가 노예들에게 황제가 되도록 부추긴다고 하지만, 오히려 반대로 우리는 말과 행동을 통해 고백하는 한 가지가 있네. 노동하는 인간의 인내하는 겸손과 가장 겸허한 노동이네. 우리는 정치적인 문제에 대해 알지 못하고 관심도 갖지 않는다네.

오직 한 가지만 알고 있지. 우리의 행복이 다른 사람의 선에 있다는 것을 확신하고 그 행복을 추구하는 것일세. 서로서로 함께하는 것에 행복이 있고 그 연합은 폭력이 아니라 사랑에 의해 얻어지지. 여행자에게 가해하는 강도의 폭력은 포로에 대한 군대의 폭력이나 처형되는 이들에 대한 재판관의 폭력 같이 잔혹한 것이고, 우리는 의도적으로 그런 일에 참여할 수 없네. 또 폭력에 의해 강요된 노동으로부터의 이익을 얻을 수 없네. 폭력이 우리에게 반영되더라도, 폭력에 참여하는 것은 폭력을 가하는 것이 아니라 우리에게 가해지는 폭력을 순종적으로 인내하는 데 있네."

"좋아." 줄리어스가 말했다.

"자네는 사랑에 대해 설교하지만, 그 결과를 보면 완전히 다른 것으로 나타나는걸. 자네들의 교리에 따르면 어떤 식으로든 억눌려야 하는 살인, 약탈, 폭력과 같은 야만과 미개로의 회귀로 이끌지 않나?"

"아니, 그렇지 않아." 팜필리우스가 말했다.

"만일 자네가 우리의 가르침과 삶의 결과를 주의깊고 공평하게 살펴본다면 그들이 살인이나 약탈, 폭력으로 이끌지 않고 반대로 그 범죄들이 우리가 행하는 수단에 의해서만이 막을 수 있다는 것을 알 걸세. 살인과 약탈, 악행은 그리스도교 이전부터 존재해 왔고 인간은 항상 그들과 다투어 왔지, 그러나 극복하지 못했네. 우리가 한탄하는 수단, 즉 폭력에 폭력으로 맞서는 방법을 사용했기 때문이지. 이것은 결코 죄를 저지할 수 없고 오히려 증오와 격분의 씨를 뿌림으로써 죄를 더욱 유발시킬 뿐이지. 강력한 로마제국을 보게나. 로마만큼 법에 관련해서 문제를 갖고 있는 나라는 없네. 법을 연구하고 완성시키는 일이 특수한 학문을 이루고 있어. 학교에서는 법을 가르치고 원로원에서는 법을 토론하고 가장 많이 교육받은 시민들이 법을 만들고 집행하네.

　법의 정의가 가장 높은 미덕으로 여겨지고 재판관들은 특별한 존경받고 있네. 그럼에도 불구하고 로마만큼 범죄와 부패에 물든 도시가 세상 어디에도 없다는 걸 잘 알고 있네. 로마의 역사를 보게. 법이 매우 원시적이었던 옛날에 로마인들은 미덕을 가지고 있었지. 그러나 오늘날 법의 정교함과 시행에도 불구하고 시민들의 도덕은 더욱 악화되어 가고 있네. 범죄는 꾸준히 증가하고 그것들은 매일같이 다양해지고 치밀해지고 있어. 범죄와 악은 보복과 처벌, 폭력 같은 이교도적 방법에 의해서가 아니라 사랑이라고 하는 그리스도인의 수단을 통해서만이 성공적으로 제압할 수 있는 걸세.

　자네가 사람들이 형벌에 대한 두려움 때문이 아니라 자발적으로 악행을 그만두길 바란다고 믿네. 자네는 사람들이 간수가 지키기 때문에 범죄를 저지르지 않는 죄수가 되길 원하지 않을 걸세. 어떤 법이나 규제나 처벌도 인간으로 하여금 악을 행하길 꺼려하게 만들거나 또는 선을 행하도록 만들지 않아. 그것은 오직 인간의 마음속에 있는 악의 뿌리를 근절함으로써만이 가능하지. 그것이 우리가 목표로 하는 것인 반면에 자네들은 악이 외부로 표출된 것만 억누르려고 하지. 자네들은 그것의 근원을 살펴보지 않을 뿐더러 어디에 있는지도 모르지. 자네는 그것을 발견할 수 없네.

 가장 보편적인 범죄인 살인, 약탈, 사기는 소유를 더하기 위해 또는 다른 방법으로는 가질 수 없는 욕망의 결과이지. 이런 범죄 중 일부는 법에 의해 처벌받지만, 가장 중요하고 광범위한 영향을 미치는 것들은 법의 비호 아래 행해지지. 거대한 상업상 사기와 부자들이 가난한 자들로부터 강탈하는 무수한 방법들이 그런 것이지. 법의 처벌을 받는 범죄는 실제로 어느 정도 억제될지 모르지만 범인들은 처벌에 대한 두려움으로 더 신중하고 교활해지며 법의 손이 미치지 않는 새로운 범죄방식을 생각해내지.

 그러나 그리스도인들의 삶을 따라가면 인간은 이런 범죄로부터 자신을 지킬 수 있지. 이런 죄들은 한편 돈과 재산을 위한 투쟁과 다른 한편으로 소수의 손에 있는 부의 불공평한 집중으로부터 야기되는 것이라네. 도둑질과 살인을 막는 우리의 방법은 생활에 꼭 필요한 만큼 유지하고 수고로 얻어진 여분의 산물을 다른 이들에게 베푸는 것이지.

 그리스도인들은 눈에 보이는 축적된 부로 사람을 유혹에 빠뜨리지 않아. 생계에 필요한 것 이상 소유하지 않기 때문이지. 절망에 빠져 빵 한 조각을 위해 범죄를 저지를 준비가 되어 있는 자가 우리에게 온다면, 그는 죄를 짓지 않고도 원하는 것을

우리는 춥고 배고픈 사람들과 가진 것을
나누는 소망으로 살아가기 때문이야.
그 결과 악행하는 사람들은 우리를 피하
는 반면 다른 이들은 최악 가운데의 삶
을 버리고 우리에게 돌아오지. 서서히
그들은 선한 일꾼으로 되어가지 ,

얻게 될 거야. 우리는 춥고 배고픈 사람들과 가진 것을 나누는 소망으로 살아가기 때문이야. 그 결과 악행하는 사람들은 우리를 피하는 반면 다른 이들은 죄악 가운데의 삶을 버리고 우리에게 돌아오지. 서서히 그들은 선한 일꾼으로 되어가지. 대개 범죄들은 질투와 복수심과 정욕, 분노, 증오와 같은 욕망에 의해 저질러지지. 그런 죄들은 법으로 억압될 수 있는 것이 아니야. 죄를 범하는 사람들은 얽매이지 않은 욕망의 무자비한 상태에서 저지르는 것이기 때문일세. 그는 자신의 행동은 돌아보지 않고 오히려 안달할 뿐이지. 그래서 법은 이러한 범죄를 억제할 힘이 없는 걸세.

사람은 오직 영성으로 삶의 의미와 만족을 찾을 수 있다고 믿어. 욕망에 얽매여 있는 한 결코 행복을 발견할 수 없지. 우리는 사랑과 노동의 삶에 의해 욕망을 구속하고 우리 안의 영성을 개발하고 믿음이 더 깊고 넓게 퍼져 갈수록 범죄는 어쩔 수 없이 자리 잡지 못하게 되지.

"죄의 세 번째 종류는," 팜필리우스는 말을 이었다.

"사람들을 도우려는 욕망에서 비롯되지. 몇몇 혁명적 공모자와 같은 사람들은 사람들의 고통을 덜고자 독재자를 죽임으로써 다수의 사람들을 위하여 선을 행하였다고 생각하지. 이러한 죄의 근원은 사람이 악을 통해 선을 이룰 수 있다는 믿음에 있어. 그러한 관념에서 시도된 범죄는 자극되고 환기되지. 그런 실수에도 불구하고 그런 행위를 하는 사람들은 인류에 봉사하고자 하는 욕망 같은 고귀한 동기로 그런 행위를 하지. 그들은 진실되고 언제든지 자신을 희생할 준비가 되어 있고 위험에 몸을 사리지 않지. 그래서 처벌에 대한 두려움은 그들을 멈추게 할 수 없다네. 오히려 위험은 그들을 자극하고 고통과 처형은 영웅으로 치켜세우게 되고 본이 된다고 부추기지. 세계사 속에서 알 수 있어. 그리스도인들은 자신이나 타인을 위한 행위가 비참하다고 이해할 때만이 악이 사라진다고 믿지.

우리는 형제애가 형제 없이 불가능하다는 의미에서 형제가 될 때만이 가능하다는 것을 알지. 비록 혁명적 공모자들의 실수를 보지만, 그들의 진실성과 이타성에 감사하고 그들의 선에 의해 이끌린다는 것에 감사하지."

"그렇다면 우리 중 누가 더 범죄와 투쟁하고 악을 억누르는 데 성공적이라고 생각하는가? 어떤 악으로부터가 아닌 사랑으로 영향을 미쳐 영적 존재의 행복을 삶으로 증거하는 우리 그리스도인인가? 아니면 자네들, 법이라는 죽은 글자에 따른 판결을 해서 희생자들을 파멸시키고 극도의 분노로 몰고 가는 통치자와 재판관들인가?"

"누군가 자네의 말을 들으면," 줄리어스가 말했다.

"자네가 옳다고 생각할 거야. 그러나 내게 말하게, 팜필리우스. 사람들이 왜 자네들에게 적개심을 갖는지? 그들이 자네들을 박해하고 잡아들이고 죽이는지? 왜 자네들의 가르침은 불화를 일으키는지?"

"그 이유는 우리 안에 있는 것이 아니고 자네들에게 있네. 지금까지 국가와 우리 그리스도인 모두가 생각하는 범죄에 대해 말했네. 이 범죄들은 어느 나라든지 현행법을 위반하는 폭력의 형태를 만들어 내지. 이외에 영원하고 모든 사람들에게 보편적인, 그들의 마음속에 새겨진 법들이 있네. 우리 그리스도인들은 이 신성하고 보편적인 법에 복종하고 예수 그리스도의 말씀과 삶 속에서 그것들이 충만해지고 명확해지고 완전하게 실현되는 것을 발견하지. 우리는 그리스도의 명령을 범하는 어떠한 폭력도 죄로서 간주하지. 그것은 하나님의 법을 나타내기 때문이야. 불화를 피하기 위해서 국가의 법을 준수해야 하지만 양심과 이성을 지배하는 하나님의 법을 최고로 간주하고, 그 신성한 법과 충돌하지 않는 인간의 법만을 지킬 수 있지. '가이사의 것은 가이사에게, 하나님의 것은 하나님에게.' 따라서 죄에 대한 우리의 투쟁은 나라의 그것보다 더 깊고 넓은 것이지. 우리는 나라에 대한 불법을 피하는 한편, 무엇보다 인간 본성에 공통되는 하나님의 법을 범하지 않으려 노력하지. 하나님의 법을 가장 숭고한 법으로 생각하기 때문에 우리를 두려워하는 것이지. 그들은 특정한 법, 나라의 법이나 어떤 관습을 최고의 법으로 여기기 때문이지.

그들은 '진리가 너희를 자유케 하리라'라는 그리스도의 말씀이 갖는 의미에서는 참된 인간 존재가 될 수 없고 되고자 하지도 않지. 각각 한 나라의 국민으로서 또는 한 사회의 구성원으로서 그들의 지위에 만족하네. 그들은 자연스럽게 더 고차원의 인간의 운명을 보고 선포하는 사람들에게 적개심을 느끼지. 이런 보다 높은 운명을 이해하기가 어렵거나 이해하려 하지 않기 때문에 용납하지 않아. 이에 대해 그리스도가 이렇게 말씀하셨지. '화 있을진저, 바리새인이여! 너희는 지식의 열쇠를 치워 버렸고 너희 자신이 들어가지 않으면서 들어가려고 하는 사람들마저 막는도다.' 그들은 자네의 마음에 의심을 일게하는 바로 그 장본인들이야.

우리는 어느 누구에게도 적개심을 갖지 않아. 우리를 박해하는 사람에게조차 갖지 않지. 우리의 삶은 누구에게도 해를 입히거나 다치게 하지 않아. 누군가가 우리를 향해 짜증을 내거나 심지어 증오한다면, 그 이유는 단지 우리의 삶 자체가 고통거리일 거야. 그들의 삶에 대한 끊임없는 저주가 폭력의 저변에 깔려 있는 거지. 우리로부터 출발하지 않은 우리를 향한 적개심을 막을 수 없어. 진리를 잃을 수 없고 양심과 이성에 반하는 삶을 살 수 없기 때문이지.

그들에게 우리를 향해서 끓어오르게 하는 적개심에 대해서 예수님은 말씀하셨지. '내가 이 땅에 평화를 주러 온 줄 생각하지 마라. 나는 평화를 주러 온 것이 아니고 검을 주러 왔노라!' 예수님은 적개심을 경험했고 우리, 제자들에게 다시 한 번 경고하셨지. 말씀하시기를, '세상이 나를 미워하는 것은 그들의 행실이 악하기 때문이다. 만일 너희가 세상에 속했다면, 세상은 너희를 사랑할 것이다. 그러나 너희는 세상에 속하지 않으므로 그리고 내가 너희를 세상으로부터 옮겼으므로 세상이 너희를 미워하느니라. 그리고 너희를 죽이는 자가 오히려 하나님의 일을 했노라 생각하는 때가 올 것이다.'

그러나 우리는 예수와 같이 육신을 죽이는 자들을 두려워하지 않는 것이 그때에는 더 이상 할 것이 없기 때문이지. 육신의 고통과 죽음은 어느 누구도 피할 수 없지. 우리는 빛 가운데 살고 우리의 삶은 육신에 의지하지 않아. 우리에 대한 공격으로 고통당하는 사람은 우리가 아니라 박해자와 적들이지. 그들은 가슴속에 독사처럼 키우고 있는 적개심과 증오의 감정으로 고통을 받게 되지. '빛이 세상에 왔지만 사람들은 빛보다 어둠을 더 사랑했다. 그들의 행실이 악했기 때문이다. 그리고 이것은 그들에 대한 심판이다' 이 말씀에 대해 당황할 필요 없어. 진리는 승리할 것이기 때문이야. 양은 목자의 소리를 듣고 그를 따르지. 그의 목소리를 알기 때문에. 그리고 예수님의 양떼들은 멸망하지 않고 증가하고 이 땅에 모든 곳으로부터 새로운 양들을 끌어오지. 성령이 불고 그 소리를 듣지만 자네는 그것이 어디에서 어디로 가는지 알 수 없기 때문일세."

"알겠네." 줄리어스가 말을 끊었다.

"자네들 가운데 신실한 사람이 많이 있는가? 자네들은 순교자처럼 행동하고 진리를 위해 기꺼이 죽으려 하는 탓에 비난받고 있네. 진리는 자네들 편이 아니야. 자네들은 교만한 광인이고 사회적 삶의 기반을 파괴하는 자들일세!"

팜필리우스는 대답하지 않았고 슬픈 표정으로 줄리어스를 바라보았다.

9

그때 팜필리우스의 어린 아들이 방으로 뛰어 들어와 아버지를 껴안았다. 줄리어스의 아내가 돌보고 있었으나 아빠를 찾아 달아났다. 팜필리우스는 한숨을 쉬며 아들을 껴안고는 자리에서 일어나려고 했다. 그러나 줄리어스는 그를 붙잡고 저녁 식사를 하면서 더 대화를 나누자고 했다.

"나로선 참 놀라운 일일세." 그는 말했다.

"자네가 결혼하고 아이까지 있다니. 그리스도인들은 재산도 없이 가족을 부양하는지 이해할 수 없네. 어머니들은 자녀들의 필요를 채우지 못하면서 어떻게 평화롭게 살 수 있는 거지?"

"왜 우리 아이들이 자네들보다 부양받지 못한다고 생각하는 건가?"

"자네들은 노예도 재산도 없지 않나? 아내도 그리스도교에 많이 기울어 있네. 한때 우리의 삶의 방식을 버리기를 원했고 나 역시 그녀와 함께 가고자 했었지. 그러나 그녀는 아이들이 겪을 불안정과 가난을 두려워했고 나도 동조할 수밖에 없었네. 내가 다쳐서 병상에 있을 때의 일일세. 내 삶의 모든 방식이 역겨웠고 포기하고 싶은 마음이었지. 하지만 아내의 두려움과 나를 진료했던 의사의 설득으로, 아무리 그리스도인의 삶이 자네가 살아가는 것처럼 올바르고, 가족이 없이 가능하다고 할지라도 가족이 있거나 자녀가 있는 어머니에게 불가능하다는 것, 그러한 삶은 인류의 존재를 소멸시킬 것이라는 확신을 주었네. 그것이 내게 옳다고 보였네. 그래서 아들과 함께 나타난 자네 모습이 상당히 충격적이었지."

"이 녀석뿐만이 아니라 젖먹이와 세 살배기가 집에 있다네."

"난 그것을 이해할 리 없네! 얼마 전에 모든 것을 포기하고 자네와 같은 삶을 살려고 했었네. 그러나 나에겐 아이들이 있고 자네의 삶이 나에게 얼마나 좋을지 몰라도, 아이들을 희생시킬 권리가 없다는 것은 명백했네. 그들을 위해 여기에 남기로 했고, 아이들은 나 자신이 그렇게 자란 것처럼 그런 환경에서 자라게 될 걸세."

"우리 두 사람은 사물을 보는 방식이 너무나 다르군." 팜필리우스가 말했다.

"우리 생각엔, 어른이 세속적 삶을 살고 있다면 이미 오염되었기 때문이지만, 아이들에게 세속적 풍속 가운데 자라게 하고 유혹에 노출되게 하는 것은 끔찍한 일이라고 말하지! '사람을 넘어뜨리는 세상은 화 있을진저, 그 일이 필요한 때가 올 것이지만, 그러나 그 일을 행하는 자에게 화 있을진저!' 우리의 스승은 그렇게 말하지. 내가 자네에게 그것을 반복하는 것은 반박하기 위해서가 아니라 진실로 그것이 진리이기 때문이야. 우리가 이렇게 살아가는 가장 중요한 필요성은 우리들 가운데 아이들이 있다는 사실 때문이지. 말씀하시기를 '어린아이와 같이 되지 않으면 너희는 천국에 들어갈 수 없느니라'라고 하셨지."

"하지만 어떻게 그리스도인 가족들은 생계를 위한 확실한 수

단도 없이 살아갈 수 있는 거지?"

"인간을 위해 사랑으로 일하는 단 한 가지 방법만 있다는 믿음에 따른 거지. 자네들의 방법은 폭력이야. 그 방법은 실패하고 부자들이 망하는 것과 같이 망하게 될 거야, 그때 오직 일과 사람에 대한 사랑만이 남게 되지. 우리는 사랑이 모든 것의 기본이라고 생각하네. 그리고 견고하게 지켜지고 증가되어야 한다고 생각하네. 그렇게 될 때 가족이 살고 번성하게 되는 것이지."

팜필리우스는 계속 말을 했다.

"내가 그리스도의 가르침을 의심하거나 그것을 따르기를 주저하였다면, 이런 의심과 주저는 자네와 자네 아이들이 자랐고 앞으로 자랄 환경, 이방인들 속에서 자라날 아이들을 생각하면 사라질 거야. 몇몇 사람들이 궁전과 노예와 다른 나라에서 들여온 것들로 삶을 어떻게 조직하든, 대다수 사람들의 삶은 그대로 유지될 걸세. 그 삶을 위한 담보는 언제나 같을 걸세. 바로 형제애와 노동이지. 우리는 아이들이 이러한 조건들에서 벗어나기를 원하고 사람들이 우리를 위해서 일하도록 사랑이 아닌 폭력을 통해서 만들어 내려고 하지. 말하자면 이상하지만 외관상 그것으로 스스로를 보증할수록 실제로는 당연하고 확실한 진짜 담보를 스스로 박탈하게 돼. 통치자의 권력이 크면

클수록 그는 사랑을 덜 받게 되지. 그것은 다른 담보인 노동도 마찬가지야. 사람이 노동으로부터 자유롭고 사치에 익숙해지면 질수록, 일할 능력이 줄어들고 진리와 신뢰할 만한 담보를 박탈당하게 되지.

그런데 아이들을 이런 조건에 놓아두면서 말하기를 아이들을 '부양'했다고 말해. 자네 아들과 내 아이를 데리고 무언가를 찾도록 지시하거나 그 둘에게 필요한 일을 하도록 해보면 누가 더 잘하는지 보게 될 걸세. 아니면 둘을 가르치면, 누가 더 즉각적으로 받아들이는지 알게 될 걸세. 어린아이가 없는 이들에게만 그리스도인의 삶이 가능하다는 끔찍한 말은 하지 말게! 반대로 아이들이 없는 사람들에게 이교도의 삶이 허용될 수 있다고 말할 수 있네."

"이 어린아이들 중 누구든지 넘어뜨리는 자에게는 화 있을진저."

줄리어스는 한동안 침묵했다.

"그렇군," 그는 마침내 입을 열었다.

"아마 자네가 옳을지 모르겠네. 그러나 내 아이들은 이미 최고의 선생님으로부터 교육을 받기 시작했지. 우리가 아는 모든 것을 배우도록 하는 것이 해롭지는 않을 거야. 나와 그들에게 시간은 충분해. 그들은 그들이 자라서 필요하다는 것을 알 때 자네에게 갈 수 있을 걸세. 나 역시 아이들로부터 자유로워졌을 때 자네에게 갈 수 있을 거야."

"진리를 알지니 진리가 너희를 자유케 하리라," 팜필리우스가 말했다.

"그리스도는 완전한 자유를 한번에 주셨고 세상은 그것을 결코 줄 수 없을 걸세. 잘 있게나!"

팜필리우스는 그의 아들을 불러 떠났다.

그 그리스도인들은 유죄판결을 받고 공개적으로 처형되었다. 줄리어스는 팜필리우스가 다른 그리스도인들과 함께 순교자들의 시신을 거두는 모습을 보았다. 줄리어스는 그를 보았지만 상부기관이 두려워 다가가지 않았고 그를 집으로 초대하지도 않았다.

10

또 다시 이십 년의 세월이 흘렀다.

줄리어스의 부인은 세상을 떠났다. 그의 삶은 공적인 활동과 권력을 얻기 위해 노력하는 가운데 흘러갔고 권력은 때로는 손에 잡힐 듯 보였고 때론 빗겨가기도 했다. 부는 엄청났으며, 날이 갈수록 늘어났다. 아이들은 성장했고 특히 둘째 아들은 사치스런 생활에 빠져 있었다. 그는 그의 아버지가 일구어 놓은 부에 구멍을 내기 시작했다. 부가 늘면 늘수록 빠져나가는 속도도 빨라졌다.

줄리어스는 아버지와 겪었던 분노, 증오, 질투의 감정과 같이 아들과 갈등을 겪고 있었다. 이 무렵, 새로운 장관이 부임하면서 줄리어스에게 제공되던 혜택이 사라졌다. 전에 아첨하던 사람들은 그를 버렸고, 그는 추방의 위험에 처하고 말았다. 그는 로마에 가서 사안에 대해 설명하였으나 받아들여지지 않았고 돌아가도록 명령을 받았다.

집에 돌아오자 아들이 방탕한 친구들과 함께 진탕으로 술을 먹고 노는 모습을 목격했다. 길리기아에 줄리어스가 죽었다는 소문이 났고 아들은 아버지의 죽음을 축하하고 있었다! 자제력을 잃은 줄리어스는 아들을 땅에 내팽개쳤다. 그리고 나서 아내의 방으로 들어갔다. 거기서 마침 복음서를 읽어 내려갔다.

"수고하고 무거운 짐 진 자들아 다 내게로 오라 내가 너희를 쉬게 하리라 나는 마음이 온유하고 겸손하니 내 멍에를 메고 나에게 배워라 그러면 너희의 영혼이 안식을 얻을 것이다. 내 멍에는 쉽고 내 짐은 가벼우니라."

"그렇군." 줄리어스는 생각했다.

"그는 오래전부터 나를 부르고 있었어. 나는 그를 믿지 않고 고집과 악함 가운데 있었어. 나의 멍에는 무거웠고 나의 짐은 고통스러웠어."

그는 무릎에 복음서를 펼쳐 놓고 오랫동안 지난 과거의 삶을 돌아보고 팜필리우스가 그를 만날 때마다 했던 말을 기억해 냈다. 마침내 그는 일어나 아들에게로 갔다. 다행히 아들이 제 발로 서 있는 것을 보고 큰 부상을 입지 않은 것에 표현할 수 없을 정도로 감사했다. 아들에게 한마디 말도 하지 않은 줄리어스는 거리로 나와 그리스도인들의 공동체로 향했다. 그는 하루 종일 걸었고 저녁 무렵 밤을 지내기 위해 마을에 머물었다.

그가 들어간 방에 누군가 누워 있었다. 그 사람이 인기척에 일어났다. 그는 다름 아닌 줄리어스가 알고 있는 바로 그 의사였다.

"이번에는 나를 설득하지 못할 겁니다!"

줄리어스가 소리쳤다.

"제가 그리스도인들을 향해 출발한 것이 이번이 세 번째입니다. 이제 그곳만이 마음의 평화를 발견할 수 있다는 것을 압니다."

"어디에서요?" 의사는 물었다.

"그리스도인들 가운데서죠."

"그래요. 당신은 마음의 평화는 찾을 것이오. 하지만 의무를 다하진 못할 거요. 당신에겐 남자다움이 부족해요. 불운이 당신의 기를 꺾었소. 진정한 철학자들은 그렇게 처신하지 않아요! 불운은 단지 금을 연단하기 위한 불에 불과할 뿐이오. 당신은 그 시험을 통과했었소. 그런데 지금 당신은 그것으로부터 도망치려 하고 있소! 지금이 사람들과 당신 자신을 시험할 때인데. 당신은 진정한 지혜를 얻었고 그것을 조국을 위해 선하게 사용해야 해요. 인간과 그들의 열정, 삶의 조건을 깨우친 사람들이 사회에 유익이 되도록 공유하는 대신, 그들의 지식과 경험을 마음의 평화를 찾는 데 묻어 버린다면 어떻게 되겠소? 당신의 삶의 경험은 사람들 가운데에서 얻어진 것이고 당신은 그것을 그들에게 도움이 되도록 사용하여야 합니다."

"그러나 나에겐 아무런 지혜도 없습니다! 온통 실수투성이뿐입니다! 나의 실수는 지혜가 되지 않아요. 오래 묵어서 오염되고 더러운 물이 포도주가 될 수 없는 것과 같지요."

줄리어스는 외투를 걸치고 서둘러 그 집을 나섰고, 휴식을 취하지도 않고 더 멀리 갈 길을 재촉했다. 그리고 다음날 해가 저물 무렵 그리스도인들이 사는 곳에 도착했다.

그들은 그가 그들이 사랑하고 존경하는 팜필리우스의 친구라는 사실을 몰랐지만 반겼다. 팜필리우스는 식당에서 친구를 발견했고 보자마자 달려가 끌어안았다.

"내가 왔네." 줄리어스가 말했다.

"할 일을 말해 주게. 기꺼이 따르겠네."

"일은 너무 신경쓰지 말고 나를 따라 오게나." 팜필리우스가 말했다.

그는 줄리어스를 숙소로 데리고 가 침실을 보여주었다.

"우리 생활을 관찰하다 보면 자네가 할 수 있는 일이 무엇인지 알게 될 걸세. 우선 내일 자네가 시간을 보낼 만한 일을 알려주지. 지금 우리는 포도원에서 포도를 수확하고 있다네. 거기에 가 보게나. 자네가 도울 일을 발견할 걸세."

다음날 아침, 줄리어스는 포도원으로 갔다.

첫 번째 찾은 곳은 새로 생긴 포도원으로 나무마다 포도송이가 주렁주렁 매달려 있었고, 젊은 사람들이 포도를 떼어 바구니에 담고 있었다. 자리가 꽉 차 있었고 줄리어스는 한동안 그곳을 돌아보았지만 자리를 발견할 수가 없었다. 그는 거기에서 좀 더 안으로 들어가 더 오래된 포도밭으로 갔는데 거기에는 조금 전 포도원보다 포도가 덜 열려 있었다. 여기도 역시 그가 일할 만한 자리는 없었고, 모두 포도를 따고 담는 일을 짝을 지어 열심히 하고 있었다. 그는 더 멀리 안쪽으로 들어가 아주 오래된 황량한 포도밭으로 들어갔다. 포도 줄기가 비틀어지고 구부러져 있고 포도를 찾아볼 수 없었다.

"아, 마치 내 인생 같구나." 그는 혼자 생각했다.

"내가 첫 번째 결단했을 때 왔더라면, 첫 번째 포도원의 포도와 같았을 텐데. 내가 두 번째 결단했을 때 왔었다면 두 번째 포도원과 같이 열매를 맺었을 텐데. 지금 여기 있는 나의 인생은 오직 땔감으로밖에 쓸모없는 늙어빠진 포도나무 같구나!"

줄리어스는 그가 했던 일들을 기억하고 자책했다. 또 앞으로 그가 쓸모없이 허비한 인생에 대해 그를 기다리고 있을 처벌을 생각하니 끔찍했다. 그는 서러움에 복받쳐 통곡하며 말했다.

"나는 더 이상 아무 도움이 안 되고 할 수 있는 것이 아무것도 없구나!"

그는 그가 허비한 것들과 이젠 더 이상 회복할 수 없다는 생각에 눈물을 흘렸다.

그때 그를 부르는 노인의 목소리가 들려왔다.

"일하게나, 형제여!" 그 목소리가 말했다.

줄리어스는 주위를 둘러보자 한 노인이 있었다. 머리칼은 허옇게 희었고 꾸부정한 허리가 온전히 걷기조차 힘들어 보였다. 그는 포도나무 옆에 서서 여기저기 남아 있는 포도송이를 따고 있었다. 줄리어스는 그에게 다가갔다.

"일하게나, 사랑하는 형제여! 일은 즐거운 것이라네!"

노인은 그에게 아직 남아 있는 포도송이가 있을 만한 곳을 알려 주었다. 줄리어스는 포도송이를 찾기 시작했고 찾은 것들을 노인의 바구니에 옮겨 담았다.

노인이 말했다.

"보게나, 어디를 봐서 이 포도송이들이 다른 포도원에서 수확된 것들보다 못하다는 것인가? '빛이 있는 동안 걸으라'고 예수께서 말씀하셨소. '나를 보내신 분의 뜻은 아들을 보고 그를 믿는 자는 모두 영생을 얻으리라. 그리고 나는 마지막 날에 그를 올리리라. 하나님이 그의 아들을 이 세상에 보내신 것은 세상을 심판하려 하심이 아니라 그를 통해서 세상을 구하시려 함이라. 그를 믿는 자는 심판받지 않고 그를 믿지 않는 자는 이미 심판을 받았나니 그가 하나님과 동일하신 그의 아들을 믿지 않기 때문이라. 또한 빛이 세상에 왔으나 사람이 빛보다 어둠을 더 사랑하였으니 그의 행실이 악함이라. 악을 행하는 모든 사람이 빛을 싫어하고 빛에게로 나아오지 아니하니 그의 행실이 심판받지 않으려 함이라. 그러나 진리를 행하는 자는 빛에게로 오나니 그의 행실은 명백하고 하나님 안에 일하느니라.'

형제여, 불행해 하지 마시오! 우리 모두 하나님의 자녀요 그의 종이요! 우리는 모두 그의 군사요! 그분이 당신 외에 종들이 없다고 생각하시는가? 당신이 온 힘을 다해 그를 섬김에 헌신했다면, 그분이 하나님의 나라를 세우기 위해 필요한 모든 것을 다했을 것이라고 생각하시는가? 당신은 당신이 한 것보다 두 배, 열 배, 백 배 더하겠다고 말할 것이오.

그러나 당신이 천 배 만 배 모든 사람이 한 것보다 더 한들, 하나님의 일에서 무엇이 이루어지겠소? 하지 않은 것과 같소, 하나님의 일은 그분 자신처럼 무한하오. 하나님의 일은 당신이오. 그에게로 오시오, 그리고 그의 일꾼이 아니라 자녀가 되시오, 당신은 무한한 하나님과 그의 세계의 동반자가 될 것이오. 하나님의 눈에는 작은 것도 큰 것도 없소. 단지 곧은 것과 굽은 것만이 있을 뿐이오. 생명의 바른 길로 들어가시오. 그러면 당신은 하나님과 함께할 것이고 당신의 일은 작지도 크지도 않게 될 것이오. 그것이 하나님의 일이오. 천국에서는 백 명의 의인보다 한 명의 죄인에 대해 더 기뻐한다는 것을 기억하시오. 당신이 가벼이 여긴 세상의 일은 당신에게 당신의 죄를 보여주었고 당신은 회개하였소. 당신이 회개하였을 때 당신은 곧은 길을 발견하였소. 그 길을 따라가시고 과거를 생각하지도 또 그것이 큰지 작은지 생각하지 마시오. 모든 사람은 하나님 보시기에 동등하오! 오직 한 하나님과 한 생명이 있을 뿐이오!"

줄리어스는 위로를 얻었다. 그리고 그날부터 그는 힘닿는 대로 형제들을 위해 살며 일했다. 그렇게 또 다른 이십 년을 살았고 죽음이 그의 몸을 어떻게 데려갔는지 의식하지 못했다.

1893년

Q T 빛이 있는 동안 빛 가운데로 걸으라
Walk in the Light while there Is Light

당신은 지금 행복하십니까?

「빛이 있는 동안 빛 가운데로 걸으라」를 읽으며 오늘날 그리스도인들의 삶의 모습이 계속 오버랩 됐다. 초대교회의 그리스도 공동체의 모습과 오늘날 자본주의 사회 속 그리스도인들의 개인주의적 삶은 얼마나 괴리가 있는가? 한 무신론자가 '자본주의는 무신론적 사회체제'라고 한 말이 생각난다. 아이러니이다. 유물론적 공산주의는 오히려 초대교회의 모습과 너무나도 유사하다. 그것이 이상이라면 자본주의 또한 이상이라고 말할 수 있을 것이다.

여기서 체제와 이념을 논하고 싶지는 않다. 그러나 적어도 가난한 자와 부자, 약한 자와 강한 자, 권력자와 피지배자의 구조는 하나님이 원하시는 모습은 아닐 것이다. 이 단편 속에 나오는 '낯선 이'는 계속해서 그리스도인들이 추구하는 삶의 모습을 위선이며 인간의 본능에 반한 것이며, 반사회적이며 실현될 수 없는 허망한 것이라고 주장한다.

톨스토이는 종교의 본질이 절대자에 대한 믿음과 헌신과 충성이며 그로부터 사랑이 나오고 그 사랑으로 말미암아 세상을 이길 힘을 갖게

됨을 역설한다. 우리의 삶이 포도원지기 같이 욕망을 버리고 충실한 청지기의 삶이 되어야 참 평안이 나오고 감사와 기쁨이 샘솟는다는 것을 역설한다.

톨스토이는 계속해서 우리에게 묻는다.

"당신은 행복하십니까?"

삶의 궁극적인 목적과 본질이 행복이라면, 과연 무엇이 우리를 행복하게 해줄 수 있을까? 주인공인 줄리어스가 세상적 욕망을 추구하고 물질적 풍요와 권력과 정욕을 모두 이루어갔지만 그럴수록 더욱 공허해지고 불안해지고 평안함과는 거리가 더욱 멀어진 반면, 유베날리우스는 자신을 위해 아무것도 가진 것 없는 삶 속에서 더할 수 없는 평안과 기쁨을 누리는 모습을 대조적으로 보여준다. 줄리어스가 만년에 가족을 뒤로 하고 그리스도인들의 공동체에 들어가 포도원을 거닐 때 그때 비로소 참 평안을 누린다.

"빛이 있는 동안 빛 가운데로 걸으라!"

참 평안은 그 빛을 발견하고 그 안에서 거니는 자만이 누릴 수 있는 것이다.

일리야스

옛날 우파 지방에 일리야스라고 하는 바시키르인이 살고 있었다. 그의 아버지는 아들에게 아내를 얻어 주고 일 년 만에 세상을 떠났는데 재산이라곤 별로 남긴 것이 없었다. 그때 일리야스에게 남은 것은 암말 일곱 마리, 암소 두 마리, 양 스무 마리가 전부였다. 일리야스는 재산을 잘 관리해서 곧 더 많은 재산을 모으기 시작했다.

일리야스와 그의 아내는 아침부터 밤 늦게까지 일했다. 다른 사람들보다 일찍 일어났고 늦게 잠자리에 들었다. 이렇게 살다 보니 해마다 재산이 불어나서 어느새 큰 부자가 되어 있었다. 그의 나이 서른다섯 살을 넘길 무렵에는 이백 마리의 말과 백오십 마리의 소, 그리고 천이백 마리의 양을 소유하게 되었다. 남자 일꾼들은 가축을 기르고 여자들은 암말과 암소에서 젖을 짜 쿠미쓰(말이나 낙타의 젖으로 만든 술)와 버터와 치즈를 만들었다. 일리야스는 모든 것이 넘쳐났으며, 그 지역에 사는 사람들이 모두 그를 부러워했다. 사람들은 그에 대해 이렇게 말했다.

"일리야스는 복 받은 사람이야, 어느 것 하나 부족한 게 없잖아. 그에겐 천국이 따로 없을 거야."

높은 자리에 있는 사람들은 이 소문을 듣고 그와 친분을 갖고자 했다. 멀리에서 방문객들이 찾아 왔으며, 그는 그들을 환영하고 항상 음식을 대접했다. 누구든지 그들 앞에 쿠미쓰와 차, 셔벗(과즙으로 만든 빙과음료), 양고기가 놓여졌다. 방문객들을 대접하기 위해 양을 잡았고, 때로는 두 마리 이상 잡거나 손님이 많을 경우에는 암말을 잡기도 했다.

일리야스에게 아들 둘과 딸 하나가 있었는데 모두 결혼했다. 그가 가난한 시절에 아들들은 아버지와 함께 일했고 가축들을 돌봤으나, 일리야스가 부자가 되자 빗나가기 시작했다. 아들 하나는 술에 빠졌고, 큰 아들은 말다툼하다가 살해당했다. 둘째는 기가 센 여자와 결혼하면서 아버지의 말을 듣지 않았다. 결국 아들 내외와는 더 이상 살 수 없었다. 일리야스는 아들에게 집과 가축 몇 마리를 주어 내보냈다. 이런 일들로 인해 일리야스의 재산이 급격히 줄어들고 말았다.

그 후 얼마 지나지 않아 양들 사이에 전염병이 돌아 많은 양들이 죽었다. 게다가 하필 흉년이 들어 건초 수확이 제대로 안 되는 바람에 많은 가축들이 그해 겨울에 굶어 죽었다. 그런 차에 키르기스인 도적떼들이 그의 가장 좋은 말들을 약탈해 가는 일이 생겼다. 일리야스의 재산은 현저하게 줄어들었으며, 그의 체력도 약해져 갔다.

그의 나이 일흔이 되던 해, 그는 모피, 카페트, 말안장, 천막을 팔기 시작했다. 마침내 그에게 남은 가축 마저 팔아야 했고 가난에 직면한 자신을 발견했다. 정신을 차리기도 전에 모든 것을 잃어버린 늙은 일리야스와 그의 부인은 일터로 나가게 되었다. 일리야스에게 남은 것이라곤 걸치고 있는 옷 한 벌과 털외투, 찻잔, 그리고 실내화, 덧신이 전부였다. 그의 아내 샴 세마기 역시 나이 들어 늙어 있었다. 분가한 아들은 먼 나라로 가 버렸고, 딸은 일찍 세상을 떠났다. 두 노인을 돌볼 사람이 아무도 없었다.

그들의 이웃 무하마드 샤는 그들을 불쌍히 여겼다. 무하마드 샤는 성품이 좋은 사람으로 부유하지도 가난하지도 않았지만 걱정 없이 살고 있었다. 그는 전에 일리야스가 베푼 후한 대접을 기억하고 있었고 그를 동정했다.

"일리야스, 부인과 함께 저희 집에 오셔서 함께 사세요. 여름엔 제 멜론농장에서 힘닿는 대로 일하시고 겨울에 가축을 키우면서 지내시죠. 부인께서는 제 암말의 젖을 짜고 쿠미쓰를 만들면서 지내시면 돼요. 대신에 저는 두 분의 생활을 책임질게요. 무엇이든 필요하신 것을 말씀하시면 들어드리겠습니다."

일리야스는 그에게 감사하고 아내와 함께 무하마드 샤의 일꾼으로 일하기 시작했다. 처음엔 일이 쉽지 않았으나, 곧 익숙해졌고 힘닿는 대로 열심히 살아갔다.

무하마드 샤는 일리야스 같은 사람을 데리고 있는 것이 얼마나 도움이 되는지 곧 알게 되었다. 주인이었던 일리야스는 일꾼들을 잘 다스릴 줄 알았으며, 게으름 피우는 법 없이 최선을 다해 일했다. 그러나 무하마드 샤는 노부부를 보며 그렇게 높은 곳에 있던 사람들이 이렇게 낮은 자리에 있게 된 것이 가슴 아팠다.

하루는, 무하마드 샤의 친척들과 랍비가 아주 먼 곳에서 그를 찾아왔다. 무하마드 샤는 일리야스에게 양 한 마리를 잡도록 지시했다. 일리야스는 양의 껍질을 벗기고 고기를 삶아 내놓았다. 손님들은 양고기를 먹고 차를 마신 후 쿠미쓰를 마시기 시작했다. 손님들이 주인과 함께 양탄자 위 쿠션에 앉아 쿠미쓰를 마시며 대화하고 있는 동안, 할 일을 모두 마친 일리야스는 그들을 지나 문을 열고 나갔다. 무하마드 샤는 지나가는 그를 보며 한 손님에게 말했다.

"방금 지나간 노인을 보셨나요?"

"그럼요, 그에게 특별히 주목할 만한 게 있나요?"

"한 가지 있죠. 한때는 우리 중에 누구보다 부자였다는 사실, 그의 이름은 일리야스라고 합니다. 들어보셨을지 모르지만."

"들어보다마다요!"

손님 중 한 사람이 대답했다.

"그를 본 적은 없지만, 명성이 사방에 자자했지요."

"그래요, 하지만 지금은 아무것도 남은 게 없죠."

무하마드 샤가 대답했다.

"지금은 저희 집 일꾼으로 아내와 함께 살고 있죠. 그의 아내는 말젖을 짜는 일을 합니다."

손님이 놀라 혀를 차고 고개를 저으며 말했다.

"운명이란 수레바퀴 같은 것이군요. 누군가에게 떠오르는 해가 누군가에게는 석양이 되듯이 말이죠! 저 노인은 잃어버린 것들로 인해 슬퍼하지 않나요?"

"그 속을 누가 알겠습니까? 그는 조용하고 평화롭게 살고 있습니다. 일도 열심히 잘하구요."

"그와 얘기해도 되겠습니까?"

손님이 부탁했다.

"그의 삶에 대해 묻고 싶은 것이 있어요."

"물론이죠."

주인은 대답하고 앉은 채 큰 소리로 일리야스를 불렀다.

"바바이(바시키르어로 '할아버지'란 뜻)!"

"이리 오셔서 함께 쿠미쓰 한 잔 하시지요, 부인도 함께 오세요."

일리야스는 아내와 함께 들어왔다. 그의 주인과 손님들에게 인사한 그는, 기도한 다음 문 옆으로 앉았다. 그의 아내는 커튼 뒤쪽에 있는 여주인과 함께 앉았다.

쿠미쓰 잔이 일리야스에게 건네졌다. 일리야스는 주인과 손님들의 건강을 빌며 머리 숙여 답례하고, 컵에 조금 입을 댄 후 내려놓았다.

"저희 부부를 보고 서글퍼지셨을 거라 생각됩니다. 과거에 풍요롭던 시절과 현재의 처지를 떠오르게 했을 게 분명하니까요."

대화를 원했던 한 손님이 말하자 일리야스는 웃으며 말했다.

"행복과 불운에 대한 제 얘기를 들으신다면 믿지 못하실 겁니다. 오히려 제 아내에게 묻는 편이 나을 것 같아요. 그녀는 여자인지라 마음속에 있는 것을 그대로 입술에 옮기죠. 진실을 말해 줄 거예요."

그 손님은 커튼 쪽으로 몸을 돌렸다.

"할머니," 그가 큰소리로 불렀다.

"과거의 행복과 현재의 불운을 비교해서 어떤지 말씀해 주세요."

그러자 샴 세마기가 커튼 뒤에서 대답했다.

"제 생각은, 우리 두 늙은이는 지난 오십 년을 행복을 찾아 살았지만 찾지 못했어요. 아무것도 남아 있지 않은 우리는, 일꾼으로 살아온 지난 두 해 동안 비로소 진정한 행복을 발견할 수 있었습니다. 이제 더 바라는 게 없답니다."

손님들은 모두 놀랐고 주인인 무하마드 샤 역시 놀랐다. 그는 일리야스의 아내 얼굴을 보기 위해 커튼을 걷어 젖혔다. 일리야스의 아내는 팔짱을 끼고 앉은 채 늙은 남편을 바라보며 미소를 짓고 있었다. 일리야스 역시 아내를 향해 미소 지었다.

일리야스의 아내는 말을 계속 이었다.

"저는 진실을 얘기할 뿐 농담이 아닙니다. 지난 오십 년간 행복을 찾았지만 부자로 사는 동안은 결코 찾을 수 없었습니다. 이제 아무것도 없이 일꾼으로 주인을 섬기면서 더 이상 바랄 게 없는 행복을 발견했답니다."

"어떤 면에서 행복을 느끼시나요?" 그 손님이 물었다.

"우리가 부자였을 때, 남편과 저는 많은 일들에 신경 쓰느라

서로 대화하거나 영적인 것에 대해 생각하거나 기도할 시간조차 없었습니다. 손님이 오면 대접할 음식과 무엇을 선물할지 고민해야 했죠. 혹시 그들이 나중에 험담하지 않도록 말이죠. 손님들이 떠난 후에는 일꾼들을 돌봐야 했습니다. 그들은 언제나 게으름을 피우고 좋은 음식을 가져 가려고 했죠. 반면에 그들을 최대한 부리려고만 했습니다. 그렇게 우리는 죄를 지었습니다. 당시 우리는 늑대가 망아지나 송아지를 물어 죽이지나 않을까, 도적이 말을 훔쳐가지나 않을까 걱정 속에 살았습니다. 암양이 새끼를 끼고 자다 질식시키지 않을까 걱정하며 밤에 잠을 못이루고, 다들 제대로 있는지 살피려고 몇 번씩 잠자리에서 일어났습니다. 하나가 안정이 되면 곧 다른 일이 터지곤 했죠. 이를테면, 겨울에 가축에게 먹일 충분한 사료를 구하는 일 같은 거죠. 이외에 남편과 저는 의견이 부딪치곤 했습니다. 남편은 이렇게 해야 하고 저렇게 해야 한다고 했지만 저는 저대로 다른 생각이 있었죠. 그때마다 우리는 다투었고 또 죄를 짓곤 한 겁니다. 이쪽 골칫거리가 풀리면 저쪽 골칫거리로 머리를 썩이고 그때마다 이 죄에서 또 다른 죄를 지으며 행복을 찾을 길이 없었습니다."

"그렇군요, 그러면 지금은?"

"지금은, 아침에 일어나자마자 항상 서로 사랑의 말을 건네죠. 우리는 평화롭게 지내고 다툴 일이 없어요. 걱정거리라고는 어떻게 하면 주인을 잘 섬길까 하는 정도뿐이죠. 우리는 힘닿는 데까지 일하고 주인에게 이익이 되도록 하는 생각으로 열심히 합니다. 일을 마치고 돌아오면 저녁이 준비되어 있고 쿠미쓰도 있지요. 우리에겐 추울 때 쓸 연료가 있고 모피코트가 있지요. 대화를 나눌 시간과 우리의 영혼을 생각할 시간, 그리고 기도할 시간이 있지요. 오십 년 동안 행복을 찾았건만 이제야 행복을 발견했습니다."

손님들이 웃었다.

그러나 일리야스가 말했다.

"여러분, 웃지 마세요. 웃을 일이 아닙니다. 이것은 인생의 진리입니다. 처음엔 우리 역시 어리석었고 부를 잃은 것에 눈물을 흘렸습니다. 그러나 지금은 하나님이 우리에게 진리를 보여주셨고 그것을 말하는 것은 우리 자신의 위안을 위해서가 아니라 여러분의 행복을 위한 것입니다."

그러자 랍비가 입을 열었다.

"현명한 말씀입니다. 일리야스는 정확히 진리를 말했습니다. 성경에도 똑같이 나와 있습니다."

그러자 손님들은 웃음을 멈추고 깊이 생각하게 되었다.

1885년

Q T 일리야스
Ilyas

<u>우리들의 고백이 이와 같을까요?</u>

처음 시작은 일리야스가 얼마나 부자이고 얼마나 근면하고 성실한 사람인가를 보여준다. 그래서 이 단편이 그의 입지전적 삶을 그린 내용일 것이라고 미리 짐작하게 된다. 그런데 이야기는 갑자기 그에게 불어닥친 불행으로 급반전된다. 그렇게 착실했던 자녀들이 제멋대로 길을 간다. 한 아들은 술주정과 말다툼으로 요절하고, 다른 아들은 기가 센 여자를 만나 아버지를 떠난다. 자식으로 인한 재산 손실에 엎친 데 덮친 격으로 전염병과 흉년과 도적떼들로 인해 순식간에 재산을 날려 버렸다. 마치 욥기의 시작 부분과 흡사하다.

다행히 일리야스 부부에게는 큰 화가 미치지 않았다. 단지 눈에 보이는 물질과 사람과의 관계만이 변했을 뿐이었다. 또한 이웃 무하마드 샤의 덕택으로 일리야스 부부는 그의 집 종 노릇을 하며 생계를 꾸려나간다.

이쯤에서 우리는 일리야스 부부를 동정의 눈으로 바라볼 수 있다. 얼마나 마음 고생이 심할까? 과거의 삶을 돌아보며 얼마나 좌절하고 낙심할까? 그런데 우연한 기회에 집주인에게 찾아 온 손님들과의 대화를 통해 우리는 뒤통수를 맞는 듯한 반전을 보게 된다.

일리야스 부부는 지난 오십 년의 삶보다 지금이 더 행복하다고 고백한다. 기도할 시간이 있고, 부부가 서로 대화를 나눌 시간이 있고, 따뜻한 음식과 옷과 휴식을 취할 거처가 있다는 부부의 고백은 인생에서 진정 필요한 것이 무엇인지 일깨운다. 사람이 행복하게 살아가기 위해 그렇게 많은 것이 필요하지 않은가 보다.

마지막으로 그 자리에 있던 한 랍비의 말로 끝맺는다.

"일리야스는 정확히 진리를 말했습니다. 성경에도 그것이 똑같이 나와 있습니다."

Leo Nikolaievitch Tolstoy　　2부

사랑에 대하여

그 여자를 돌아보시며 시몬에게 이르시되
이 여자를 보느냐 내가 네 집에 들어올 때
너는 내게 발 씻을 물도 주지 아니하였으되
이 여자는 눈물로 내 발을 적시고
그 머리털로 닦았으며 너는 내게 입맞추지 아니하였으되
그는 내가 들어올 때부터 내 발에 입맞추기를 그치지 아니하였으며 너는 내 머리에 감람유도 붓지 아니하였으되
그는 향유를 내 발에 부었느니라 이러므로
내가 네게 말하노니 그의 많은 죄가 사하여졌도다
이는 그의 사랑함이 많음이라 사함을 받은 일이 적은 자는
적게 사랑하느니라

_누가복음 7:44-47

Leo Nikolaievitch Tolstoy

사람은 무엇으로 사는가

우리는 형제를 사랑함으로 사망에서 옮겨 생명으로 들어간 줄을 알거니와 사랑하지 아니하는 자는 사망에 머물러 있느니라 _요한일서 3:14

누가 이 세상의 재물을 가지고 형제의 궁핍함을 보고도 도와 줄 마음을 닫으면 하나님의 사랑이 어찌 그 속에 거하겠느냐 자녀들아 우리가 말과 혀로만 사랑하지 말고 행함과 진실함으로 하자 _요한일서 3:17-18

사랑하는 자들아 우리가 서로 사랑하자 사랑은 하나님께 속한 것이니 사랑하는 자마다 하나님으로부터 나서 하나님을 알고 사랑하지 아니하는 자는 하나님을 알지 못하나니 이는 하나님은 사랑이심이라 _요한일서 4:7-8

어느 때나 하나님을 본 사람이 없으되 만일 우리가 서로 사랑하면 하나님이 우리 안에 거하시고 그의 사랑이 우리 안에 온전히 이루어지느니라 _요한일서 4:12

하나님은 사랑이시라 사랑 안에 거하는 자는 하나님 안에 거하고 하나님도 그의 안에 거하시느니라 _요한일서 4:16

누구든지 하나님을 사랑하노라 하고 그 형제를 미워하면 이는 거짓말하는 자니 보는 바 그 형제를 사랑하지 아니하는 자는 보지 못하는 바 하나님을 사랑할 수 없느니라 _요한일서 4:20

구두장이 시몬은 오두막집에서 아내와 아이들과 함께 세들어 살고 있었다. 자기 집 한 칸, 땅 한 평 없이 하루벌이로 사는 형편이었는데 품삯이 워낙 적어서 그날그날 빵을 끼니로 때우는 데 거의 다 써야 했다. 시몬에게는 아내와 공용으로 입는 모직 코트가 한 벌밖에 없었고, 그마저 너덜너덜하게 헤져 새 코트를 만들 양가죽을 사기로 한 지 이 년째 되어 가고 있었다.

추운 겨울이 막 시작될 즈음, 시몬에게 약간의 돈이 모아졌다. 아내가 궤짝에 모아 둔 지폐 삼 루블, 그리고 단골손님들에게 받을 돈이 오 루블 이십 코펙 정도였다.

어느 날 아침, 시몬은 양가죽을 살 작정으로 마을에 갈 채비를 하였다. 셔츠 위에 아내의 솜털로 누빈 무명자켓을 입고 또 그 위에 모직코트를 걸쳤다.

그는 삼 루블의 지폐를 주머니에 넣고 지팡이로 쓸 나뭇가지를 꺾어 챙긴 다음 아침 식사 후에 집을 나섰다.

그는 혼잣말을 했다.

"받을 날짜가 지난 오 루블을 먼저 챙겨야지, 거기에 가지고 있는 삼 루블을 더하면 겨울코트 만들 양가죽을 사기에 충분하겠지?"

마을에 도착하자 시몬은 곧바로 농부의 집을 찾았다. 그러나 농부는 집에 없었고 농부의 아내는 다음 주에나 가능할 것 같다고 말했다. 시몬은 다른 농부의 집을 찾았지만 그 역시 '하늘에 맹세코 지금 가진 돈이 하나도 없다'고 하며 시몬이 고쳐 준 부츠 수선비 이십 코펙만 달랑 지불했다. 시몬은 할 수 없이 양가죽 가게 주인에게 사정을 말하며 외상으로 양가죽을 구입하고자 했지만 가게 주인은 난색을 표하며 거절했다.

"돈을 가져 오세요. 그래야 드릴 수 있어요. 우리도 외상값 받는 게 얼마나 어려운지 잘 알거든요."

결국 하루 종일 시몬이 거둔 것은 부츠 수선비로 이십 코펙 받은 것과, 가죽으로 밑창을 대도록 농부가 준 일감인 펠트부츠 한 짝 뿐이었다. 시몬은 마음이 상했다. 그는 술집에 들러 보드카 한 잔을 마셨다. 이십 코펙이 주머니에서 나갔다. 결국 양가죽은 한 조각도 못 산 시몬은 집에 가려고 일어섰다. 아침에 나올 때 느꼈던 한기가 보드카 한 잔으로 싹 사라지고 양가죽코트 없이도 온기가 느껴졌다.

그는 터덜터덜 길을 따라 걸었다. 지팡이를 쥔 손으로 언 땅을 두드리고, 다른 손은 펠트부츠를 흔들면서 혼잣말하며 걸었다.

"온몸이 훈훈하군. 양가죽이 없어도 보드카 한 잔이 들어가니 말이야. 혈관을 통해 온몸에 퍼지는 것이 느껴져. 양가죽이 무슨 소용이람. 다 필요 없어, 쓸데없는 걱정이지. 그래 난 그런 사람이야, 알게 뭐람? 난 양가죽 없이도 살 수 있어. 암, 필요 없구 말구. 물론 마누라야 확실히 안달이 나겠지. 나 원 참, 창피해서. 하루 종일 밤늦게까지 일하고 나서 돈도 못 받고! 집어치워! 다음에 또 돈을 못 가지고 오면 내가 그 친구 가죽을 벗겨 버릴 테야. 못할 줄 알고? 기껏 준다는 게 이십 코펙이야! 그걸로 뭘 하라구… 한 잔 하면 끝이잖아. 그게 할 수 있는 것의 전부지. 힘들다구? 그런 말을 나한테 해? 난 몸뚱아리 하나 간신히 지탱하는데. 당신은 직접 경작하는 옥수수도 있잖아. 난 매번 곡식을 사야 하는데, 빵 하나를 위해 매주 삼 루블을 써야 한다구. 집에 빵도 다 떨어져 있으면 또 돈을 내놔야 한단 말이야. 당신이 빚진 것 갚는 게 당연한 것 아니야?"

어느덧 그는 교회 길모퉁이에 이르렀다. 그때 교회 뒤쪽에 무언가 하얀 물체가 보였다. 해 질 무렵이어서 시몬의 눈에 그것이 명확하게 들어오지 않았다.

"전에는 그 자리에 흰돌이 없었는데. 가축인가? 가축 같진 않고. 사람 머리처럼 보이기도 하는데. 너무 하얗단 말이야. 사람이 저기서 뭘 한다구?"

그는 좀 더 자세히 보기 위해 가까이 다가갔다. 놀랍게 그것은 사람이었다. 살았는지 죽었는지 벌거벗은 채 앉은 자세로 교회 벽에 기대 꼼짝하지 않고 있었다. 시몬은 공포감을 느꼈다.

'누군가가 죽였어. 그리고 옷을 벗겨 여기에 버려둔 게 분명해. 괜히 참견했다가 골치 아플 게 뻔한데.'

그러나 시몬은 가던 길로 되돌아섰다. 그는 교회를 지나 남자가 보이지 않은 곳까지 갔다. 어느 정도 걷다가 뒤를 돌아보았다. 남자가 더 이상 교회 벽에 기대어 있지 않았다. 순간 시몬은 벌거벗은 남자가 자기를 향해 움직이는 것처럼 느껴졌다. 시몬

"그때 갑자기 마음속 깊은 곳으로부터 질책하는 소리가 들렸고, 시몬은 가던 길을 멈췄다.
'뭐하고 있는 거야, 시몬?'
'저 남자는 다 죽어가고 있는데 두려워서 그냥 지나치겠다는 거야. 그래, 강도를 두려워할 정도로 여유가 있단 말이냐?
아, 시몬, 부끄러운 줄 알아라!'

은 더 공포감을 느꼈고 갈등했다.

'그에게로 돌아갈까? 아니면 그냥 가던 길로 갈까? 그에게 다가가면 뭔가 끔찍한 일이 벌어질 것 같은데. 저 친구가 어떤 자인지 누가 알아. 어쨌든 이곳에 좋은 일로 오지 않은 것은 분명하잖아. 그에게 다가갔다가 내 목을 조르기라도 하면 어쩌지. 도망갈 방법도 없고. 설사 그렇지 않더라도 저 자는 골칫덩어리가 될 게 분명해. 벌거숭이를 데리고 어쩌란 말이야. 저 친구에게 내 남은 옷마저 줄 수는 없잖아. 오, 무사히 이곳을 지나칠 수 있기를!'

시몬은 서둘러 그 남자를 남겨두고 교회를 떠나기로 했다. 그때 갑자기 마음속 깊은 곳으로부터 질책하는 소리가 들렸고, 시몬은 가던 길을 멈췄다.

"뭐하고 있는 거야, 시몬?"

"저 남자는 다 죽어가고 있는데 두려워서 그냥 지나치겠다는 거야. 그래, 강도를 두려워할 정도로 여유가 있단 말이냐? 아, 시몬, 부끄러운 줄 알아라!"

시몬은 돌아서서 그 남자에게로 갔다.

2

 시몬은 낯선 남자에게 다가가 그를 살폈다. 혈기왕성한 젊은 남자였으며 몸에는 상처 하나 없었지만 얼어 있었고 뭔가에 놀란 것처럼 보였다. 눈을 들어 시몬을 쳐다볼 힘조차 없는 듯이 벽에 기대어 앉아 있었다. 그에게 다가가자 그제서야 깨어난 것 같았다. 고개를 돌려 눈을 들고 시몬의 얼굴을 바라보았다. 그와 눈길이 마주치는 순간, 시몬의 마음이 사로잡혔다. 시몬은 펠트부츠를 벗어 땅바닥에 놓고 허리띠를 풀러 그 위에 놓은 뒤 모직코트를 벗었다.

 "이리 오게, 아무 소리 하지 말고 어서 이 코트를 입게나!"

 시몬은 남자의 팔꿈치를 잡고 일어나는 것을 도왔다. 젊은 남자가 일어나자 시몬은 그의 몸이 건강하다는 것을 알 수 있었다. 손과 발, 그리고 얼굴도 잘생겼다. 그는 자신의 외투를 그 남자의 어깨에 걸치고 소매에 손을 집어넣도록 하였다. 코트를 바싹 당긴 후 그 남자의 허리 주위로 허리띠를 묶었다.

 시몬은 찢어진 모자도 벗어 그에게 씌웠다. 그러자 머리가 차게 느껴졌다.

 '내 머린 대머리구 이 친구는 긴 곱슬머리란 말이야.'

 시몬은 그렇게 생각하며 모자를 도로 머리에 썼다.

"발이 찰 텐데 뭘 좀 신어야 할 것 같아."

그는 그 남자를 앉게 하고 자신의 펠트부츠를 신도록 도왔다.

"이보게나, 이제 좀 움직여서 몸을 좀 덥히도록 하게, 다른 건 천천히 챙기기로 하구, 걸을 수 있겠나?"

남자가 일어나서 시몬을 부드러운 눈길로 바라보았다. 하지만 말은 하지 않았다.

"말을 못하는 건가? 여긴 너무 춥네. 어서 집으로 가세. 지팡이를 잡게나. 힘들면 그것에 기대도록 하게. 자 가세!"

남자가 걷기 시작했다. 뒤에 처지지 않고 가볍게 걸었다. 길을 가면서 시몬이 그에게 물었다.

"자네는 어느 지방 출신인가?"

"이곳에 속해 있지 않습니다."

"자네가 이곳 출신이 아닐 거라고는 짐작했네. 헌데 어쩌다 교회 근처까지 오게 되었는가?"

"말할 수 없습니다."

"누가 자네에게 못되게 굴었는가?"

"아무도 못되게 하지 않았습니다. 하나님이 저를 벌하셨죠."

"물론 하나님이 모든 것을 주관하시지. 어쨌거나 당장 먹을 것과 쉴 곳을 찾아야 하지 않겠나. 가고 싶은 곳이 있는가?"

"어디나 저에겐 똑같습니다."

시몬은 놀랐다. 남자는 악해 보이지 않을 뿐더러 말씨도 공손한데 자신에 대해 아무것도 얘기하지 않았다. 시몬은 생각했다.
'무슨 일이 있었던 것이 분명해.'
그리고 그 낯선 친구에게 말했다.
"일단 우리 집으로 가세. 잠시라도 몸을 좀 녹여야 될 테니."
시몬이 집을 향해 걷기 시작했고 낯선 친구도 그를 뒤따랐다. 바람이 일자 시몬은 셔츠 밑으로 냉기를 느꼈다. 이젠 술기운도 깨어 온몸이 얼어 버릴 것 같았다. 그는 길을 따라 걸으면서 코를 훌쩍이고 아내의 코트를 여미며 생각했다.
"양가죽이 문제군. 아침에 나설 때는 양가죽을 산다고 하고는 돌아갈 땐 코트마저 없으니. 게다가 벌거숭이 남자를 데리고 돌아가니. 마트리요나가 상당히 언짢아 하겠는 걸!"
아내 생각을 하자 마음이 무거웠다. 그러나 남자를 처음 보았을 때 교회 근처에서 그를 올려다보던 그의 눈빛을 떠올리자 마음속에서 왠지 기쁨이 솟았다.

3

시몬의 아내는 그날 할 일을 일찌감치 끝냈다. 나무도 해놓고 물도 길어 놓았으며, 아이들과 식사도 마쳤다. 이제 새 빵을 오늘 만들지 내일 만들지 고민하는 일이 남아 있었다. 아직 큰 빵 조각이 하나 남아 있었던 것이다.

"만일 시몬이 시내에서 식사를 하고 저녁을 많이 안 먹는다면, 빵이 내일까지 갈 텐데."

그녀는 손으로 빵의 무게를 몇 번이고 재면서 혼잣말을 했다.

"오늘은 안 만드는 게 좋겠어. 밀가루도 한 끼분 정도 구울 것밖에 없잖아. 금요일까지는 버텨야 할 텐데."

마트리요나는 빵을 치워 놓고 남편의 셔츠를 꿰매려고 테이블 의자에 앉았다. 그녀는 바느질을 하면서 남편이 겨울코트용 양가죽을 어떤 것으로 사 올지 궁금해 했다.

"가게 주인이 속이지 말아야 할 텐데. 이 사람은 너무 단순해서. 누구를 속이긴커녕 애들한테도 속아 넘어갈 사람이니. 팔 루블이면 작은 돈이 아닌데. 그 돈이면 좋은 가죽을 구할 수 있을 거야. 무두질한 가죽이 아니라도 제대로 된 겨울용 가죽을 사 와야 할 텐데. 지난 겨울엔 따뜻한 코트가 없어서 얼마나 고생했는지. 강가에도 못 내려가고 어디 다닐 수도 없었는데. 이 사람이 외출할 땐 집에 있는 겨울옷을 다 걸치고 나갔지. 내가 입을 것도 안 남겨 놓고 말이야. 아침에 일찍 나가지는 않았지만 지금쯤 돌아올 시간이 됐는데. 술이나 입에 안 대고 돌아왔으면 좋으련만!"

마트리요나가 이런 생각을 하고 있을 때 문지방을 넘는 발자국 소리가 들리고 누군가가 들어섰다. 그녀는 바늘을 꽂고 문쪽으로 나갔다. 두 남자가 서 있었다. 남편 시몬, 그리고 모자 없이 펠트부츠를 신고 있는 한 남자. 마트리요나는 순간 남편에게서 술냄새를 맡았다.

'저 인간, 술 한 잔 하셨구만.' 그녀는 생각했다.

'술 마시는데 돈을 다 쓴 게 분명해. 어디서 형편없는 녀석과 술을 마시고는 집까지 데리고 왔단 말이지.'

남편은 빈손으로 가만히 어색한 듯 서 있었다. 코트 없이 그녀의 자켓만 걸치고 물건꾸러미도 없었다. 마음이 철렁 내려앉으며 절망감으로 산산조각이 났다.

마트리요나는 그들이 오두막 안으로 들어오도록 내버려 두었다. 낯선 남자는 젊고 마른 편이었고 남편의 코트를 입고 있었다. 코트 속에 셔츠도 안 입은 것 같았고 모자도 없었다. 그는 안으로 들어와서 움직이지도 않고 눈을 올리지도 않고 그대로 서 있었다.

마트리요나는 속으로 생각했다.

'이 사람은 나쁜 사람이 틀림없어, 몸을 떨고 있는 것 보라구.'

그녀는 얼굴을 찡그린 채 난로 옆에 서서 그들이 어떻게 하는가를 지켜봤다. 시몬은 모자를 벗고 마치 아무 일 없었다는 듯이 긴 의자에 앉았다.

"마트리요나, 저녁 준비가 됐으면 가져오구료."

마트리요나는 난로 옆에 꿈쩍 않고 서서 혼잣말로 궁시렁거렸다. 그녀는 두 사람을 번갈아 보며 고개를 저었다. 시몬은 아내가 못마땅해 하는 것을 보았지만 모른 척 하려고 했다. 아무것도 눈치채지 못한 척, 그리고 낯선 남자의 팔을 잡으며 말했다.

"여보게, 이리 앉게나, 뭘 좀 먹어야지."

낯선 남자는 긴 의자에 앉았다.

"뭐 좀 먹을 게 없소?" 시몬이 다시 말했다.

마트리요나는 화가 치밀어 올랐다.

"있지요, 하지만 당신 먹을 건 없어요. 당신은 분별력도 마셔 버린 것 같네요. 코트에 쓸 양가죽을 사러 나가서는 양가죽은 간데없이 벌거숭이 떠돌이를 데리고 오다니, 당신 같은 술주정꾼에게 줄 음식은 없어요."

"그만해요, 마트리요나. 생각 없이 잔소리 내뱉지 말라구. 어떤 사람인지도 모르면서."

"당신이야말로 한번 말씀해 보시죠. 돈을 어떻게 하셨는지?"

시몬은 웃옷 주머니에서 삼 루블 지폐를 꺼내 펼쳤다.

"여기 있소. 트리포노프한테 못 받았어요. 곧 지불하겠다는 약속만 받았지."

마트리요나는 더 화가 났다. 양가죽은 사 오지 못하고 하나밖에 없는 코트는 벌거숭이한테 입히고는 집에 데리고 오다니. 그녀는 식탁 위에 지폐를 낚아채어 금고에 넣었다. 그리고는 말했다.

"저녁 식사는 없어요. 세상 어디에도 벌거숭이 술주정꾼에게 먹을 것을 주는 곳은 없을 거예요."

"이봐, 마트리요나. 잠자코 이 사람에 대해 먼저 얘기나 들어봐요!"

"술주정꾼한테 들을 정도로 어리석지는 않아요. 당신 같은 술주정꾼과 결혼하는 게 아니었는데. 어머니가 주신 아마포도 술 마시느라 팔아 먹지를 않나. 이젠 코트 살 돈으로 술을 쳐먹다니!"

시몬은 아내에게 자신이 이십 코펙밖에 안 썼다는 것과 그 남자를 만나게 된 경위를 설명하려 했지만 마트리요나는 한마디도 들으려 하지 않았다. 그녀는 십 년 전의 일까지 꺼내며 끊임없이 잔소리를 늘어놓았다.

마트리요나는 계속 잔소리를 늘어놓더니 마침내 시몬에게 달려들어 소매를 끄집었다.

"내 코트를 돌려줘요. 하나밖에 없는 것을 필요하다고 가져가 놓고는. 이리 줘요. 더러운 개 같으니라구. 마귀에게나 끌려갈 것이지."

시몬이 코트를 벗으려는 차에 그녀가 소매를 잡아당기는 바람에 이음새가 터져 버렸다. 마트리요나는 그것을 끌어당겨 머리 위로 뒤집어 입으며 문쪽으로 나가려 했다. 그 순간, 문득 걸음을 멈췄다. 실컷 화풀이라도 해보고 싶고 남자가 어떤 사람인지 궁금한 마음이 들었던 것이다.

4

마트리요나는 멈춰 서서 말했다.

"저 사람이 제대로 된 사람이라면 벌거벗을 이유가 없을 거예요. 왜 셔츠 하나 걸치지 않은 거죠? 저 사람이 멀쩡하다면, 어디서 어떻게 만나게 되었는지 한번 얘기해 보시죠?"

"그게 바로 당신에게 말하려던 거요." 시몬이 말했다.

"집으로 오는 길에 교회 근처에서 이 친구가 벌거벗은 채 앉아 있는 것을 보았소. 벌거벗고 있을 날씨는 아니잖소! 하나님이 나를 이 친구에게 보내신 거지. 그렇지 않았으면 이 친구는 이미 얼어 죽었을 거요. 내가 어떻게 했어야 할까? 이 친구에게 무슨 일이 있었는지 내가 어떻게 알겠소? 난 그저 이 친구에게 옷을 입히고 데리고 왔을 뿐이요. 마트리요나, 화내지 말아요. 죄 짓는 거요. 누구나 언젠가는 죽게 된다는 것을 명심해야 해요."

마트리요나는 한마디 쏘아붙이고 싶었지만 낯선 남자를 보는 순간 입을 다물었다. 그는 의자 끝에 꼼짝하지 않고 앉아 있었다. 손을 무릎 위에 포개고 잔뜩 웅크리고 눈을 감은 채 고통스러운 듯 이맛살을 찌푸리고 있었다. 마트리요나는 입을 다물었고 시몬이 말했다.

"마트리요나, 당신에겐 하나님의 사랑이 없는 거요?"

마트리요나는 이 말을 듣고 낯선 남자를 돌아보자 불현듯 연민의 마음이 일었다. 그녀는 다시 문쪽에서 난로 쪽으로 가서는 식사 준비를 했다. 식탁에 컵을 놓고, 나이프와 스푼을 놓은 다음 크바스(러시아의 호밀 맥주)를 따르고, 마지막 남은 빵 조각을 놓았다.

"편하게 드세요." 그녀가 말했다.

시몬은 낯선 남자를 식탁으로 끌어당기며 말했다.

"자리에 앉게나. 젊은 친구."

시몬이 빵을 잘게 잘라 수프에 담근 후 식사를 시작했다. 마트리요나는 식탁 구석에 앉아 손으로 턱을 괴고 낯선 남자를 바라보았다.

문득 마트리요나의 마음에 낯선 남자가 가엾기도 하고 호감이 느껴졌다. 그러자 낯선 남자의 얼굴이 밝아지면서 찌푸렸던 눈썹이 펴졌다. 그는 마트리요나를 보며 미소지었다.

그들이 식사를 마치자 마자 뒷정리를 한 시몬의 아내는 낯선 남자에게 질문을 퍼붓기 시작했다.

"어디 출신이세요?" 그녀가 물었다.

"저는 이쪽에 속하지 않아요."

"어쩌다가 길에 내버려지게 된 거죠?"

"말하기 힘들어요."

"강도에게 다 빼앗긴 건가요?"

"하나님이 저를 벌하셨어요."

"그래서 그렇게 벌거벗고 있었던 건가요?"

"네, 벌거벗고 얼어붙어 버렸죠. 마침 시몬이 저를 보고 불쌍히 여기셨어요. 입고 있던 외투를 벗어 주시고 여기까지 데리고 오신 겁니다. 그리고 당신이 먹을 것과 마실 것을 주시고 불쌍히 여기셨죠. 하나님이 보답하실 거예요!"

마트리요나는 창가로 가서 그녀가 기워 놓은 시몬의 낡은 셔츠를 남자에게 주었다. 바지 한 벌도 갖다 주었다.

"자, 셔츠를 입으시고 침대나 난로가 어디든지 편한 데 누우세요."

낯선 남자는 코트를 벗고 셔츠를 입었다. 그리고 침대에 누웠다. 마트리요나는 촛불을 끈 다음 코트를 가지고 남편이 있는 다락방으로 올라갔다.

마트리요나는 코트 자락을 끌어 덮고 누웠지만 잠을 잘 수 없었다. 낯선 남자의 생각이 지워지지 않았다.

남자가 마지막 남은 빵 조각을 먹어 버려 내일 어떻게 해야 할지 막막하고, 남자에게 준 셔츠와 바지를 생각하면 우울하기도 했지만 그가 미소 지으며 좋아한 것을 보면서 마음이 기뻤다.

한참 잠 못 이루고 누워 있던 그녀는 시몬도 깨어 있는 것을 알았다. 그녀는 시몬 쪽으로 코트를 끌어 덮었다.

"시몬!"

"응?"

"남은 빵을 다 먹어 버렸어요. 내일 먹을 것을 하나도 준비하지 못했는데. 어떻게 해야 할지 모르겠어요. 이웃집 마르다에게 좀 빌려 볼까요?"

"산 입에 거미줄 치겠는가."

마트리요나는 한참 잠 못 이루다가 말했다.

"좋은 사람 같은데 자신이 누구인지 말하지 않는 걸까요?"

"뭔가 말 못할 이유가 있겠지."

"시몬!"

"왜?"

"우리는 이렇게 베푸는데, 왜 사람들은 우리에게 주지 않는 거죠?"

시몬은 무슨 말을 해야 할지 몰랐다. 고작 한다는 말이 이 말뿐이었다.

"이제 그만 잡시다."

그리고는 돌아누워 잠이 들어 버렸다.

5

아침이 되자 시몬은 잠에서 깨어났다. 아이들은 아직 잠자고 있었다. 아내는 빵을 빌리기 위해 이웃집으로 갔다. 낯선 남자는 아내가 준 낡은 셔츠와 바지를 입고 홀로 의자에 앉아 위쪽을 바라보고 있었다. 그의 얼굴은 어제보다 한결 밝아 있었다. 시몬이 그에게 말했다.

"잘 잤나, 친구. 배는 고프다고 하고 몸은 가릴 옷을 찾는구먼. 사람은 살기 위해 일을 해야 하네. 할 줄 아는 일이 있나?"

"저는 아무것도 할 줄 아는 게 없습니다."

이 말에 시몬은 깜짝 놀랐다.

"배우려고만 하면 무엇이든지 배울 수 있다네."

"사람들이 하는 일이라면 저도 할 수 있습니다."

"자네 이름이 뭐지?"

"미카엘."

"좋아, 미카엘. 자네 자신에 대해 얘기하기를 원치 않는다면 상관 않겠네만, 생계는 스스로 꾸려가야 하네. 자네가 일을 한다면, 먹을 것과 잠자리를 제공하겠네."

"하나님께서 갑절의 은혜를 주시길! 뭐든지 배울 테니 가르쳐 주세요."

시몬은 실타래를 집어들고 엄지손가락 주위로 감고는 그것을 둥글게 실꾸러미를 만들기 시작했다.

"자, 보게나. 별로 어려운 게 아닐세!"

마카엘은 그가 하는 대로 실타래를 집어들고 익숙하게 엄지손가락에 감아 실꾸러미를 만들었다. 시몬은 이어서 꼰 실에 왁스를 칠하는 법을 보여줬다. 미카엘 역시 쉽게 익혔다. 다음은 뻣뻣한 털을 그 속에 넣는 법과 가죽을 기는 법을 가르쳐 주었다. 미카엘은 역시 한번에 쉽게 따라 했다.

시몬이 무엇을 보여주든지 금방 이해했고 삼 일이 지나자 마치 평생 그 일을 해온 사람처럼 능숙하게 일했다. 그는 멈추지 않고 일했고 조금밖에 먹지 않았다. 일이 끝나면 조용히 앉아 위를 바라보고 있었다. 그는 바깥으로 나가는 일이 거의 없이 필요한 말만 했고 농담하거나 그다지 웃지도 않았다. 시몬 부부는 미카엘이 웃는 것을 거의 보지 못했다. 첫날 저녁, 마트리요나가 그에게 식사를 제공했을 때를 제외하고는.

6

날이 가고 달이 지나 일 년이 흘렀다.

미카엘은 시몬과 함께 살고 있었다. 그의 명성은 사람들에게 퍼져 시몬의 일꾼, 미카엘만큼 부츠를 깔끔하고 튼튼하게 바느질하는 사람이 없다고들 했다. 여러 지역으로부터 시몬에게 부츠를 주문하기 위해 사람들이 몰려들었고 시몬의 살림이 펴지기 시작했다.

그해 겨울, 시몬과 미카엘이 일하고 있을 때, 썰매가 끄는 삼두마차가 방울소리를 내며 오두막 앞에 섰다. 창문을 내다보자, 마차 마부석에서 건장한 남자가 뛰어내려 마차의 문을 열었다. 마차에서 내린 모피코트를 입은 신사는 시몬의 집으로 걸어왔다. 마트리요나가 뛰어나가 활짝 문을 열었다. 신사는 문턱을 넘으려고 허리를 구부렸다가 몸을 펴자 머리가 천장에 닿을 정도로 키가 컸고 집안이 꽉 차는 것처럼 보였다.

시몬은 일어나서 신사에게 정중하게 인사하고 놀란 표정으로 바라보았다. 그는 이렇게 큰 신사를 본 적이 없었다. 시몬은 말

❛ 미카엘은 시몬과 함께 살고 있었다. 그의 명성은 사람들에게 퍼져 시몬의 일꾼, 미카엘만큼 부츠를 깔끔하고 튼튼하게 바느질하는 사람이 없다고들 했다. 여러 지역으로부터 시몬에게 부츠를 주문하기 위해 사람들이 몰려들었고 시몬의 살림이 퍼지기 시작했다. ❜

랐고 미카엘은 여위었고 마트리요나 역시 뼈처럼 갸날픈 몸이었다. 그러나 이 사람은 다른 세계에서 온 듯했다. 붉은 얼굴에 건장한 체격, 살찐 황소의 것 같은 목둘레 하며, 몸 전체가 마치 무쇠로 빚은 것만 같았다.

신사는 숨을 한 번 들이쉬고는 모피코트를 벗고 의자에 앉으며 말했다.

"누가 주인이신가?"

"네, 제가 주인입니다."

시몬이 앞으로 나서며 말하자, 신사는 큰소리로 마부를 불렀다.

"이봐, 페드카. 가죽을 가져오게나!"

마부가 보따리를 들고 안으로 뛰어 들어왔다. 신사는 그 보따리를 테이블에 올려놨다.

"풀게."

그가 말하자 마부가 보따리를 풀었고, 신사는 가죽을 가리키며 말했다.

"이리 와 보게나. 이 가죽이 보이는가?"

"네, 손님."

"이게 어떤 가죽인지 알겠소?"

시몬은 가죽을 손끝으로 만져보고 말했다.

"좋은 가죽이군요."

"좋은 가죽! 이 사람아, 자네 평생 이런 가죽은 구경도 못했을 걸세. 독일산에다가 값이 자그만치 이십 루블이란 말일세."

시몬은 놀라서 말했다.

"제가 어디에서 이런 가죽을 보겠습니까?"

"그렇지! 자, 이걸로 내 부츠를 만들 수 있겠나?"

"물론입죠, 손님. 만들어 드려야죠."

그러자 그 신사가 소리쳤다.

"할 수 있다? 할 수 있다구? 좋아, 그렇다면 잊지 말게. 자네가 누구를 위해 부츠를 만드는지, 가죽이 어떤 가죽인지 말이야. 자네는 일 년 동안 신을 수 있는 부츠를 만들어야만 하네. 모양이 틀어지거나 실밥이 터지지 않도록 말이야. 그렇게 할 수 있다면 가죽을 자르게나. 할 수 없다면 이 자리에서 할 수 없다고 말하게. 경고하네만 만일 부츠가 일 년 이내에 모양이 틀어지거나 실밥이 터지면 자네를 감옥에 처 넣을 걸세. 일 년 동안 터지거나 모양이 틀어지지 않는다면 십 루블을 줄 걸세."

시몬은 놀라 어떻게 말해야 할지 몰랐다. 그는 팔꿈치로 미카엘의 옆구리를 찌르며 속삭였다.

"일을 맡아도 될까?"

미카엘은 마치 '네, 맡으세요'라는 듯이 고개를 끄덕였다.

시몬은 미카엘이 조언한 대로 일 년 동안 모양도 망가지지 않고 상하지도 않을 부츠를 만들기로 약속했다. 신사는 마부를 불러 왼쪽 발 부츠를 벗기도록 발을 뻗었다.

"사이즈를 재게나!"

시몬은 십칠 인치 길이의 종이를 대고 부드럽게 펼친 후 무릎을 꿇고 신사의 양말이 더러워지지 않도록 작업용 앞치마로 손을 닦은 후 치수를 재기 시작했다. 발바닥을 재고 발등 둘레를 잰 후 종아리를 재었다. 그러나 종이가 모자랐다. 종아리가 기둥처럼 두꺼웠기 때문이다.

"종아리가 꽉 끼지 않도록 하게나."

시몬은 다른 종이를 이어 치수를 재었다. 신사는 양말 속 발가락을 움찍거리며 집안 구석구석을 둘러보았다. 그러다가 마침 미카엘이 눈에 들어왔다.

"저기 있는 친구는 누군가?" 그가 물었다.

"제가 데리고 있는 직공입니다. 저 친구가 부츠를 재봉할 겁니다."

신사는 미카엘에게도 말했다.

"자네 역시 부츠가 최소한 일 년 동안 튼튼하게 유지되도록 만들어야 한다는 것을 명심하게."

시몬은 미카엘 쪽을 바라보았다. 그런데 미카엘의 눈이 신사를 바라보지 않고 신사의 뒤쪽 구석을 주시하고 있는 것이었다. 미카엘은 그쪽을 계속 바라보다가 갑자기 미소 지었고 순간 얼굴이 환하게 밝아졌다.

"이봐, 왜 싱글거리는 건가? 자네, 기간 내에 부츠를 만들도록 긴장하는 편이 좋을 거야!" 신사는 큰소리로 엄포를 놓았다.

"기한 내에 만들도록 하겠습니다." 미카엘이 대답했다.

"명심하게나."

신사는 그 말을 하고는 부츠를 신고 모피코트를 걸치고는 문쪽으로 갔다. 몸을 구부리는 것을 잊어버린 탓에 머리를 문 윗쪽 가로대에 부딪치고 말았다.

그는 욕설을 내뱉으며 머리를 문지르더니 마차에 올라타고 떠나 버렸다.

그가 나가자 시몬이 말했다.

"굉장한 사람이구만, 자네 같으면 망치를 가지고 덤벼도 죽일 수 없을 거야. 하마터면 문 윗쪽 가로대가 부서질 뻔했잖아. 별로 다치지는 않은 것 같더군."

그러자 마트리요나가 덧붙였다.

"저 사람처럼 살면 좋겠어요? 저렇게 바위 같이 건장한 사람은 죽음도 건드릴 수 없겠네요."

7

시몬이 미카엘에게 말했다.

"그래, 일감은 받았지만 실수 않도록 해야겠어. 가죽도 고급인데다 그 신사 성미가 보통이 아닌걸. 자네의 눈이 더 정확하고 손도 민첩하니 이 치수를 가지고 부츠를 재단하게나. 난 등가죽의 바느질 마감을 맡겠네."

미카엘은 지시대로 작업했다. 그는 가죽을 탁자 위에 펼치고 둘로 접어 칼로 재단하기 시작했다.

마트리요나는 다가가서 미카엘이 재단하는 것을 바라보았다. 그리고 깜짝 놀랐다. 부츠 만드는 것을 자주 보아 왔던 마트리요나는 미카엘이 하는 작업은 부츠용 가죽 재단이 아니라는 것을 알 수 있었다. 미카엘은 둥그렇게 자르고 있었다. 그녀는 미카엘에게 한마디 해주고 싶었지만 속으로 생각했다.

'아마 내가 모르는 방법이 있을 거야. 미카엘은 나보다 훨씬 전문가니까. 괜히 방해만 되겠지.'

미카엘은 가죽 재단을 마치고 나서 실타래를 가지고 바느질을 시작했다. 그런데 이번에는 부츠에 사용하는 두 겹 방식으로 꿰매는 것이 아니라 부드러운 슬리퍼에 쓰는 한 겹 방식으로 꿰매는 것이었다. 마트리요나는 또 한 번 놀랐지만 역시 방해하지 않기로 했다. 미카엘은 정오가 되도록 쉬지 않고 바느질을 했다. 한참 지나 시몬이 저녁 식사를 하려고 일어났다. 그때 시몬은 미카엘이 신사의 가죽으로 슬리퍼를 만드는 것을 보았다.

"아니!" 시몬의 입에서 탄식소리가 났다.

"어떻게 된 거야, 지난 일 년 동안 한 번도 실수를 안한 미카엘인데 이런 끔찍한 일을 벌이다니? 신사는 장식 문양의 부츠를 주문했는데 홑밑창의 슬리퍼를 만들다니. 신사에게 뭐라고 하지? 이런 가죽은 되돌려 놓을 수도 없는데."

시몬은 미카엘에게 말했다.

"뭐한 건가? 자넨 날 완전히 망쳐 놨네! 자네도 그 신사가 부츠를 주문한 것을 알지 않나, 그런데 이게 뭔가!"

그가 미카엘을 막 야단치려 하는데 쾅 쾅, 소리와 동시에 문에 달린 철제 종이 울렸다. 누군가 문을 두드리고 있었다. 창밖을 내다보자 누군가 말을 매놓은 것이 보였다. 문을 열자 어제 신사와 함께 왔던 마부가 안으로 들어왔다.

"안녕하세요?" 그가 말했다.

"네, 안녕하세요." 시몬이 대답했다.

"어쩐 일이신지?"

"제 여주인께서 부츠 때문에 저를 보내셨습니다."

"부츠 때문에요?"

"그것이, 더 이상 주인께서 부츠가 필요 없게 되었습니다. 세상을 떠나셨어요."

"뭐라구요?"

"당신들과 헤어진 후 집으로 돌아가는 길에 마차 안에서 돌아가셨어요. 집에 도착해서 하인들이 그를 부축하려고 했을 때 마치 부대자루처럼 뒹굴었어요. 이미 돌아가신 후였죠. 뻣뻣하게 굳어 마차에서 빼낼 수도 없었죠. 여주인께선 저를 이곳에 보내시면서 '구두장이에게 부츠는 필요 없으니 시신에 쓸 슬리퍼를 급히 만들어 달라고 해라. 그 사람들이 만들 때까지 기다렸다가 가지고 오라'고 하셨습니다. 그래서 이렇게 온 겁니다."

미카엘은 남은 가죽을 모아 둘둘 말았다. 자신이 만든 부드러운 슬리퍼들을 탁탁 두들기고는 앞치마로 닦아냈다. 미카엘은 마부에게 슬리퍼와 가죽 묶음을 건네주었고, 마부는 떠나며 인사했다.

"잘 있어요, 장인님들. 즐거운 하루가 되시길!"

8

다시 여러 해가 지났다. 미카엘이 시몬과 함께 산 지 벌써 육년째 접어들었다. 그는 변함없이 지내고 있었다. 어디에도 가지 않았고 필요한 때만 말했으며, 지난 몇 년 동안 웃은 적은 단 두 번, 마트리요나가 그에게 음식을 주었을 때와 신사가 그들의 집을 찾아왔을 때 뿐이었다. 시몬은 미카엘과 함께 있는 것이 전보다 더 기뻤다. 이제 미카엘에게 어디서 왔는지 따위는 묻지 않았고 오직 미카엘이 행여 떠나갈까 염려할 뿐이었다.

하루는 온 식구가 집안에 있었다. 마트리요나는 화로에 주전자를 올려놓았고 아이들은 의자 주위를 뛰는가 하면 창밖을 내다보며 놀고 있었다. 시몬은 창가 한쪽에서 바느질을 하고 미카엘은 다른 쪽에서 구두굽을 꽉 조이고 있었다.

아이들 중 하나가 의자 사이로 달려와 미카엘 어깨에 기대 창밖을 내다보았다.

"미카엘 삼촌! 저기 여자아이하고 아줌마가 오고 있어요! 이리 오는 것 같아요. 여자아이 한 명은 다리를 절고 있어요."

아이가 말을 하자, 미카엘은 하던 일을 멈추고 창쪽으로 몸을 돌렸다. 그리고 거리를 살폈다.

시몬은 깜짝 놀랐다. 미카엘이 거리를 내다본 적은 한번도 없었다. 그런데 지금 그는 창문에 바짝 붙어 무언가를 노려보고 있었다. 시몬 역시 바깥을 내다봤고 정장을 한 여인이 정말 그의 집을 향해 오는 것이 보였다. 모피코트를 입고 순모 숄을 두른 여인이 여자아이 둘의 손을 잡고 오고 있었다. 소녀들은 한 아이가 왼쪽 다리를 저는 것 외에 구별할 수 없을 정도로 닮아 있었다.

여인은 현관 계단을 내려와 통로로 들어섰다. 어두운 통로에 들어오자 손을 더듬어 빗장을 들어 올리더니 문을 열었다. 먼저 두 아이를 들어가게 하고는 여인이 뒤따라 집안으로 들어왔다.

"안녕하세요, 여러분!"

"어서 오세요. 뭘 도와 드릴까요?" 시몬이 말했다.

여인은 식탁 옆에 앉았다. 두 아이는 그녀 무릎에 바짝 붙어 집안 사람들을 경계하는 눈치였다.

"이 아이들이 올 봄에 신을 가죽 신발이 필요해서요."

"그러시군요. 그렇게 작은 신발을 만들어 본 적은 없습니다만, 잘 만들어 드릴게요. 둘레에 장식을 넣거나 접히게 할 수 있고, 리넨을 덧댈 수 있고, 어떤 것이든 원하는 대로 해드릴 수 있습니다. 제가 데리고 있는 미카엘은 그 분야에서 최고거든요."

시몬은 말하면서 미카엘을 힐끗 쳐다보았다. 미카엘은 일하다 말고 그 작은 소녀들에게 눈을 고정하고 있었다. 시몬은 놀랐다. 검은 눈에 통통하고 발그스레한 뺨의 귀여운 소녀들이 멋진 스카프와 모피코트를 입고 있다고는 하지만 미카엘이 마치 전부터 알고 있던 것처럼 바라보는 이유를 알 수 없었다. 시몬

사랑에 대하여 173

은 궁금했지만 우선 여인과 대화를 계속하고 가격을 정했다. 그리고 치수를 재기 시작했다. 여인은 무릎에 절름발이 소녀를 앉히고 말했다.

"다리가 휜 쪽 신발은 하나만 만드시고 나머지 발은 세 개를 만들어 주세요. 이 아이들은 쌍둥이라 치수가 똑같거든요."

시몬은 치수를 잰 후, 절름발이 소녀에 대해 물었다.

"어쩌다 저렇게 된 거죠? 참 예쁜 아이인데. 태어날 때부터 그랬나요?"

"아니오, 아이 엄마가 다리를 누르는 바람에요."

마트리요나가 대화에 끼어 들었다. 그녀는 여인이 누군지, 누구의 아이들인지 궁금했다.

"그러면, 부인께서 아이들 엄마가 아니세요?"

"네, 저는 아이들 엄마도 아니고 아무런 혈연도 없어요. 남남이죠. 하지만 아이들을 제가 입양했어요."

"당신 아이들도 아닌데 어쩌면 그렇게 사랑할 수 있죠?"

"너무 사랑스러운데 어쩌겠어요? 저 아이들은 가슴으로 키웠어요. 원래 제 뱃속에서 낳은 아들이 하나 있었지만 하나님이 데려가셨어요. 그 아이도 이 아이들만큼 사랑하지 못했어요."

"그렇군요. 그러면 이 아이들은 어느 집 아이들이었나요?"

9

그녀는 지난 이야기를 들려주었다.

"아이들의 엄마 아빠가 일주일 사이에 세상을 떠난 게 육 년 전이에요. 화요일에 아빠를 장사 지내고 엄마를 금요일에 묻었지요. 이 아이들은 아빠가 세상을 떠난 지 삼 일 만에 태어났어요. 그리고 다음 날, 엄마가 죽은 거예요. 그때 남편과 저는 마을에서 농사를 지으며 살고 있었죠. 우리는 아이들 부모와 마당을 앞뒤로 하는 이웃이었어요. 아이들 아빠는 숲에서 힘들게 나무를 하는 사람이었어요. 그날도 나무를 하던 중이었는데 그만 나무가 쓰러지는 바람에 나무에 짓눌려 창자가 터져 나왔어요. 사람들이 급하게 그를 집으로 옮겼지만 벌써 하나님이 영혼을 거두신 뒤였죠. 그 일이 있는 후 며칠 지나지 않아 부인이 쌍둥이를 낳았는데 그 아이들이 저 아이들이랍니다.

부인은 가난한 사람이었어요. 주위에 아무도 돌보는 사람 없이 혼자 아이들을 낳고 홀로 죽음을 맞았지요. 다음날 저는 그녀를 보러 갔어요. 하지만 집에 들어섰을 때 이미 그녀의 몸이 뻣뻣하게 굳고 차가워진 다음이었어요. 죽어가면서 그녀는 아이에게 굴러 넘어졌고 아이의 다리를 짓눌렀던 거예요. 마을 사람들이 와서 그녀의 몸을 씻기고 몸을 곧게 눕힌 다음 관을 만들어 묻어 주었죠. 좋은 이웃들이었어요. 이제 아기들만 남겨졌어요.

어떻게 해야 했을까요? 당시에 아기가 있는 여자는 저밖에 없었어요. 팔 주 된 첫아이를 키우고 있었죠. 그래서 그 아이들을 잠시 맡기로 했어요. 사람들 여럿이 아이들을 어떻게 할지 논의했지요. 마침내 저에게 부탁하는 거예요.

"마리아, 당신이 아이들을 데리고 있는 것이 가장 좋을 것 같아요. 조만간 어떻게 할지 방안을 마련하도록 하지요."

그렇게 해서 저는 아이에게 젖을 먹였죠. 사실 처음에 절름발이 아이에게는 젖을 먹이지 않았어요. 그 아이가 살 수 있을 거라고 생각을 못했죠. 그때 저에게 이런 마음이 드는 거예요. 왜 불쌍하고 천진난만한 아이가 고통을 받아야 하지? 아이에 대한 동정의 마음이 들고 젖을 먹이기 시작했지요. 그렇게 해서 친아들과 두 아이, 모두 세 명을 제 젖으로 키웠죠. 저는 젊고 건강했기 때문에 젖이 좋았어요. 하나님이 저에게 풍부한 젖을 주셔서 어떤 때는 흘러넘치기도 했지요. 가끔 한 번에 두 아이에게 젖을 먹일 때도 있었어요. 그럴 땐 남은 한 녀석은 기다리는 거죠. 그러다가 한 녀석이 다 먹으면 기다리던 녀석이 교대하는 거예요. 하나님이 이렇게 키우도록 시키신 거죠. 하지만 아들은 두 살이 되기 전에 하나님이 데려가셨어요. 그 후로 아이가 없었어요. 살림이 넉넉해졌는데도 말이에요. 제 남편은 제분소 옥수수 상인 밑에서 일했고 보수가 괜찮은 편이라 여유 있게 살았거든요. 하지만 제 자식은 없는 거예요. 이 아이들이 없었다면 얼마나 외로웠을까요? 그러니 이 아이들을 사랑하지 않을 수 있겠어요! 아이들은 삶의 기쁨이랍니다!"

그녀는 한 손으로는 아이를 꼬옥 껴안고 다른 한 손으론 얼굴에 눈물을 닦아냈다.

마트리요나가 한숨을 쉬며 말했다.

"잠언의 말씀이 사실이네요. 사람이 아버지나 어머니가 없이 살 수 있어도 하나님 없이는 살 수 없느니라."

그렇게 그들은 함께 대화를 나누고 있었다. 그런데 갑자기 집 안 전체가 환해졌다. 그것은 미카엘이 앉아 있던 구석자리에서 마치 여름철 번개가 치는 것처럼 빛이 터져 나온 것이었다. 그들은 모두 미카엘 쪽을 쳐다보았고 미카엘이 무릎에 손을 포개 얹고 하늘을 향해 미소 짓는 모습을 보았다.

10

여인은 여자아이들을 데리고 떠났다. 미카엘은 의자에서 일어나 일감을 내려놓고 작업용 앞치마를 벗었다. 그리고 시몬과 부인에게 정중하게 인사했다.

"이제 떠날 시간이네요. 주인어른. 하나님께서 용서해 주셨습니다. 두 분께서도 그동안 제게 부족했던 점이 있었다면 용서해 주시길 바랍니다."

그들은 빛이 미카엘로부터 나오는 것을 보았다. 시몬은 자리에서 일어나 미카엘에게 인사했다.

"미카엘, 당신이 보통 사람이 아니라는 것은 알고 있었습니다. 당신을 붙잡을 수도 없고 질문할 수 없다는 것을 알고 있습니다. 하지만 이것만은 말씀해 주십시오. 처음 당신을 집으로 데리고 왔을 때 당신의 얼굴은 어두웠었지요. 그런데 아내 마트리요나가 음식을 대접했을 때 그녀에게 미소 짓고 얼굴이 환하게 밝아졌습니다. 무슨 이유였는지요? 또 신사가 부츠를 주문하기 위해 왔을 때 또 한 번 미소 지었고 얼굴이 더 밝아졌는데, 그 이유는 뭐죠? 이번에 여인이 소녀들을 데리고 왔을 때 당신은 세 번째 미소를 지었고 대낮같이 밝아졌습니다. 미카엘, 당신의 얼굴이 어떻게 그처럼 밝게 빛나는 거죠? 당신이 세 번 웃은 이유가 무엇이지요?"

미카엘이 대답했다.

"제게서 빛이 퍼져 나온 것은 하나님이 저를 벌하셨지만 이제 용서하셨기 때문입니다. 제가 세 번 웃은 것은, 하나님이 세 가지 진리를 알아 오도록 보내셨고 그것을 알았기 때문입니다. 부인께서 저를 불쌍히 여겼을 때 첫 번째 진리를 알았으므로 미소 지었습니다. 부자 신사가 부츠를 주문했을 때 두 번째 진리를 알게 되어 미소 지은 것입니다. 그리고 어린 소녀들을 보았을 때 세 번째 진리를 알게 되었고 미소 짓게 된 것입니다."

"미카엘, 하나님께서 왜 당신을 벌하셨나요? 세 가지 진리는 무엇이죠? 제게 알려 주세요."

시몬이 또 묻자 미카엘이 대답했다.

"하나님은 제가 순종하지 않았기 때문에 벌하셨어요. 저는 하늘의 천사였고 하나님을 거역했죠. 하나님은 저에게 한 여자의 영혼을 거두어 오도록 보내셨어요. 저는 땅 위로 날아왔죠. 그리고 병든 한 여인이 혼자 누워 있는 것을 보았어요. 그녀는 막 두 쌍둥이를 낳은 후였죠. 그 아기들은 엄마의 곁에서 연약하게 꿈틀거리고 있었어요. 그러나 그녀는 그 아이들을 자신의 가슴으로 올릴 수가 없었죠. 그녀가 저를 보았을 때, 그녀는 하나님이 자신의 영혼을 위하여 저를 보내신 것을 알았어요. 그녀는 울며 말했죠.

'하나님의 천사님, 쓰러지는 나무에 깔려 죽은 남편이 이제 막 땅에 묻혔어요. 저는 언니도 없고 숙모도 없고 엄마도 없어요. 이 아기들을 돌볼 사람이 아무도 없어요. 제 영혼을 거두지 말아 주세요! 아기들을 키울 수 있도록, 젖을 먹일 수 있도록, 아이들이 제 발로 설 수 있을 때까지만 저를 살려 주세요. 아빠도 엄마도 없으면 이 아기들은 살 수 없어요.' 저는 그녀의 말을 들어주었죠. 한 아이를 그녀의 가슴 쪽에 놓고 다른 아이는 팔에 안기도록 했어요. 그리고 하늘에 계신 하나님께 돌아왔지요. 주님께 가서 말했어요. '저는 그 엄마의 영혼을 데리고 올 수 없었습니다. 그녀의 남편이 나무에 깔려 죽었고 그 여인에게는 쌍둥이가 있었습니다. 그녀의 영혼을 거두지 마시옵소서. 그녀가 제 아이들을 돌보고 젖을 먹일 수 있도록, 아이들이 제 발로 설 때까지 살려 주소서.'

아빠도 엄마도 없으면 아기들은 살 수가 없다고 말했습니다. 그녀의 영혼을 거둘 수 없었습니다. 그러자 하나님이 말씀하시기를 '가서 그 엄마의 영혼을 거두어 와라. 그리고 세 가지 진리를 깨우쳐라. 사람의 마음속에 무엇이 있는지, 사람에게 주어지지 않은 것이 무엇인지, 사람은 무엇으로 사는지. 네가 이 세 가지 진리를 깨닫게 되면 그때 천국으로 돌아올 수 있을 것이다.' 그래서 저는 이 땅으로 다시 와 그녀의 영혼을 거두었습니다. 그때 아이들이 그녀의 가슴에서 떨어졌지요. 그녀는 침대에서 굴렀고 한 아이의 다리를 누르게 된 거죠. 저는 마을 위로 올라 하나님께 그녀의 영혼을 데려가려 했지만 바람이 저를 붙잡고 제 날개를 점점 더 가라앉게 했습니다. 그녀의 영혼은 홀로 하나님께 갔고 저는 땅에 떨어져 길가에 있게 된 겁니다."

11

이제 시몬과 마트리요나는 자신들과 함께 지내며 자신들이 먹이고 입힌 사람이 누구였는지 알게 되었다. 그들은 경외심과 기쁨에 눈물을 흘렸다. 그러자 천사가 말했다.

"나는 홀로 벌거벗은 몸으로 버려져 있었습니다. 사람이 될 때까지 추위와 배고픔 같은 인간의 필요를 몰랐습니다. 배고픔과 추위 가운데 어찌할 바를 몰랐습니다. 그런데 길에서 하나님을 위해 지은 교회를 보았고 피난처를 찾기 위해 그곳으로 갔습니다. 교회는 닫혀 있었고 들어갈 수 없었습니다. 그래서 바람이라도 피할 마음으로 교회 뒤쪽으로 가서 앉았습니다. 저녁이 되자 춥고 배고프고 고통스러웠습니다.

그때 갑자기 어떤 목소리가 들렸고 한 사람이 부츠 한 짝을 들고 혼잣말을 하며 오고 있었습니다. 사람이 된 후 처음으로 두려워하는 한 남자의 얼굴을 보았습니다. 그의 얼굴은 나를 보고 두려워하는 듯했고 나는 고개를 돌렸습니다. 그리고 그가 추운 겨울을 어떻게 지내야 할지, 아내와 아이들을 먹여 살릴 방도에 대해 혼잣말 하는 것을 들었습니다. 그리곤 생각했습니다.

'나는 추위와 배고픔으로 죽어가는데 저 자는 오로지 자신과 자신의 아내가 어떻게 하면 따뜻하게 지낼지, 어떻게 하면 잘 먹고 살지만 걱정하는군. 저 자는 날 도울 수 없어.'

그런데 그가 날 보더니 얼굴을 더욱 찌푸리며 염려하는 표정으로 변하더니 나를 지나쳤습니다. 나는 절망했습니다. 그런데 갑자기 그가 다시 돌아오고 있었습니다. 처음엔 앞서 간 그 남자와 동일인인 줄 몰랐습니다. 지나간 그 남자의 얼굴에 죽음이 드리워져 있었는데, 지금 이 남자의 얼굴에 생기가 있었고 하나님의 임재를 느꼈습니다. 그는 나에게 다가와서 옷을 입혀 주고 집으로 데리고 갔습니다.

그 집에 들어갔을 때 한 여자가 맞이했고 말하기 시작했습니다. 그 여자는 처음 그를 봤을 때보다 더 끔찍했고 죽음의 영이 그녀의 입에서 내뿜어졌습니다. 나는 그녀의 주위에 퍼지는 죽음의 냄새로 숨을 쉴 수 없었습니다. 그녀는 나를 집 밖으로 쫓아내려 했고 그렇게 한다면 그녀가 곧 죽게 될 거라는 것을 알고 있었습니다. 그런데 갑자기 그녀의 남편이 하나님에 대해서 말하자 곧 변하였습니다. 그녀는 음식을 가져다주고 나를 바라보았습니다. 그녀를 보는 순간 더 이상 죽음이 함께하지 않았으며 그녀가 살아나는 것을 보았습니다. 그녀에게서도 역시 하나님의 임재를 보았습니다.

"그때 하나님이 나에게 주신 첫 번째 질문을 기억했습니다. 사람의 마음속에 무엇이 있는가? 사람의 마음속에는 사랑이 있다는 것을 알았습니다. 하나님께서 나에게 약속하신 것을 벌써 보여주신 것에 너무 기뻤습니다. 그래서 첫 번째 미소를 지은 것입니다. 그러나 모두 안 것이 아니었습니다. 사람에게 주어지지 않은 것, 사람은 무엇으로 사는가에 대해 알아야 했습니다.

당신과 함께 살면서 일 년이 지났습니다. 한 남자가 부츠를 주문했고 일 년 동안 모양을 잃게 되거나 터지거나 하는 손상 없이 신을 수 있도록 만들라는 것이었습니다. 나는 그를 보았습니다. 그런데 갑자기 그의 어깨 너머 나의 동료인 죽음의 천사를 보았습니다. 오직 나만 볼 수 있었지요. 해가 지기 전에 그 부자신사의 영혼을 데리고 갈 것이라는 사실을 알았습니다. 신사는 앞으로 일 년 지낼 준비를 하고 있지만 정작 오늘 저녁에 죽을 줄 몰랐던 것이지요. 그리고는 하나님의 두 번째 말씀, 사람에게 주어지지 않은 것을 알라고 하신 말씀이 기억났습니다.

사람의 마음속에 무엇이 있는가에 대해 이미 알았고 이제 사람에게 주어지지 않은 것도 알았습니다. 그래서 두 번째 미소를 지은 것입니다. 나의 동료 천사를 본 것도 반가웠고 하나님께서 두 번째 말씀도 알게 해주신 것에 기뻤죠.

육 년이 지날 무렵, 한 여인과 함께 쌍둥이 소녀들이 왔습니다. 쌍둥이들이 누군지 알 수 있었고 어떻게 그들이 살아남게 되었는지 듣게 되었습니다. 이야기를 듣고 생각했습니다. 저 아이들의 엄마가 나에게 간청했었고 엄마와 아빠가 없으면 아이들은 죽게 될 거라고 믿었는데, 낯선 여인이 아이들을 먹이고 잘 양육하고 그 여인이 자기가 낳은 자식이 아닌 그 아이들을 향한 사랑을 보여주었을 때, 그들을 껴안고 우는 모습을 보았을 때, 나는 그녀의 마음속에 하나님이 살아계신 것을 보았습니다. 사람이 무엇으로 사는지 알게 되었습니다. 또한 하나님이 나에게 마지막 질문을 계시하신 것을 알았고 나를 용서해 주신 것을 알았습니다. 그때 세 번째 미소를 지었던 것입니다."

12

천사의 몸이 벗겨지고 눈이 부셔 쳐다볼 수 없을 정도의 빛이 그를 감쌌다. 그의 목소리가 더 크게 울렸으며, 마치 저 위 하늘로부터 들리는 소리 같았다. 천사는 말했다.

"나는 모든 사람이 자신을 돌봄으로 사는 것이 아니라 사랑으로 산다는 것을 알았다."

"자녀들이 생명을 유지하기 위해 무엇이 필요한지 엄마가 알 수 있는 것이 아니다. 또한 부자도 자신에게 무엇이 필요한지 알지 못한다. 어느 누구도 죽음이 저녁이 올지 언제 올지 알 수 없으며, 부츠가 필요한지 시신을 위한 슬리퍼가 필요한지 알지 못한다."

"내가 사람이었을 때 나 자신의 돌봄으로 살아난 것이 아니라 지나가던 행인의 마음속에 있던 사랑으로 살아남았고, 그와 그의 부인이 나를 불쌍히 여기고 사랑했다. 고아들은 그들의 어머니의 돌봄이 아니라 낯선 한 여인의 마음속에 있던 사랑으로 살아남았고, 그녀는 그들을 불쌍히 여기고 사랑했다. 또한 사람들이 자신의 안위를 위해 쏟는 생각으로 살아가는 것이 아니라 마음속에 있는 사랑 때문에 살아가는 것이다."

"나는 이미 하나님께서 사람에게 생명을 주시고 살고자 하는 욕망을 주신 것을 알고 있었다. 그러나 이제 나는 그 이상의 것을 알게 되었다."

"하나님께서 사람들이 떨어져 살기를 원치 않으시며 하나님은 그들이 자신들에게 필요한 것이 무엇인지 계시하지 않으셨다는 것을 알았다. 하나님은 사람들이 연합하기를 원하시며 각각 그들을 위해 필요한 것이 무엇인지 계시하셨다."

"이제 자신을 돌봄으로써 살아가는 것처럼 보이나 오직 사랑에 의해 그들이 살아간다는 것을 알았다. 사랑이 있는 사람은 하나님 안에 있는 자이며 하나님이 그의 안에 거하신다. 하나님은 사랑이시기 때문이다."

천사는 하나님을 찬양하는 노래를 불렀고 그의 목소리에 집이 흔들렸다. 지붕이 열리고 땅으로부터 하늘로 불기둥이 치솟았다. 시몬과 그의 아내 마트리요나와 아이들 모두 바닥에 엎드렸다. 천사의 어깨에서 날개가 돋아났고 그는 하늘로 올라갔다. 시몬은 전과 같이 돌아왔고 집도 원래 모습으로 서 있었다. 집 안에는 그의 가족 외에 아무도 없었다.

1881년

Q T 사람은 무엇으로 사는가
What men live by

우리를 위한 하나님의 예비하심이란?

「사람은 무엇으로 사는가」는 널리 알려진 톨스토이 단편이다. 어쩌면 그 단순한 구성과 짧은 글 속에서 그토록 깊은 메시지를 담을 수 있을까? 평범한 삶 속에 무심코 지나칠 일들 가운데 톨스토이는 기막히게 그 안에 숨겨진 보석을 캐낸다.

구두장이 시몬의 평범한 삶 속에 일어난 놀라운 사건, 천사 미카엘과의 만남, 그를 통해 알게 되는 하나님의 섭리. 시몬이 외상값을 받으러 마을에 가고 수금이 제대로 안 된 채 집으로 돌아오는 허탈한 장면은 우리의 삶 그대로다. 외상값을 받기 힘들고 외상으로 물건을 사기도 힘든 우리의 현실. 진퇴양난. 양가죽 가게 주인의 한마디 말이 그대로 반영된다.

"우리도 외상값 받는 게 얼마나 어려운지 알거든요."

그 한 마디는 현실 속에 우리를 좌절하게 하는 억장이 무너지는 말이다. 여기까지 인간의 연약함을 드러내는 장면이다.

그러나 시몬이 집으로 돌아오는 길 교회 모퉁이 벽에 발가벗은 채 기댄 미카엘을 만나 그를 집으로 데리고 오는 장면부터 또 다른 모습이다. 그가 미카엘을 외면하려다가 결국 그에게로 다가설 때 그의 마음속에 일어난 생각을 기억하자.

"시몬, 강도를 두려워할 정도로 여유가 있단 말이냐, 부끄러운 줄 알아라!"

오늘 우리에게 이런 마음속 울림이 남아 있을까? 이웃의 어려움에 손 내미는 사랑과 용기가 우리에게 있을까? 또 시몬의 아내 마트리요나에게 일어난 미카엘을 향한 연민의 마음, 이 마음이 우리에게도 있을까?

또한 시몬에게 구두를 주문하기 위해 찾아온 부자신사의 모습, 바로 코 앞에 찾아온 죽음의 사자를 모르는 채 일 년을 신을 구두를 주문하는 모습은 우리의 또 다른 연약함이다. 얼마나 인간이 어리석은가를 알려 주는 장면이다. 성경은 이렇게 말하고 있다.

"어리석은 자여 오늘 밤에 네 영혼을 도로 찾으리니 그러면 네 준비한 것이 누구의 것이 되겠느냐?"

마지막으로 미카엘이 세상에 인간의 모습으로 오게 된 결정적 이유가 된 한 여인에 대한 연민의 마음과 그로 인한 하나님에 대한 불순종. 여인은 죽으면서 쌍둥이 아기는 죽을 수밖에 없다고 미카엘에게 사정하지만 그것은 인간의 교만이었다. 사람을 살리는 것은 그의 부모가 아니었다. 오직 하나님의 섭리며 예비하심이었다. 사람은 그것을 모른다.

마지막으로 미카엘이 전한 하나님의 메시지는, 사람들이 연합하고 서로 사랑하며 살아가야 하는 이유는 바로 하나님이 사람들 개개인에게 생명을 위해 필요한 것이 무엇인지 계시하지 않았으며 사람들이 연합함으로써 비로소 알도록 하셨다는 것이다. 더불어 사는 삶이 생명의 삶이라는 것이다. 어쩌면 그것은 사람뿐만이 아니라 하나님이 지으신 세상, 모든 자연과도 마찬가지일 것이다.

인간의 모습 속에는 연약한 피조물로서 세상의 모습이 있기도 하나 인간을 인간 되게 하는 것은 그 안에 남아 있는 하나님의 형상(Imago Deo)때문이며 그 형상은 바로 '사랑 그 자체'임을 톨스토이는 말하고 있다.

사랑이 있는 곳에 하나님이 계신다

　　마틴 아브데이치라는 구두수선공이 있었다. 그는 창문 하나 달린 지하 작은 방에 살고 있었는데 그 창을 통해 거리를 내다볼 수 있었다. 비록 지나가는 사람들의 발만 보였지만 마틴은 부츠만 보고도 누구인지 알 수 있었다.

　그는 그곳에 오래 살았고 지인들이 상당히 많았다. 동네에서 한두 번 그의 손을 거치지 않은 부츠를 찾아보기 힘들었고, 마틴은 자주 그의 수공품을 창문을 통해 감상했다. 어떤 것은 창을 새로 갈았고 어떤 것은 가죽을 대거나 기운 것이며 어떤 것은 아예 새 가죽을 위에 덧붙인 것도 있었다. 그는 일감이 많았다. 그는 일을 잘할 뿐더러 고급 재료를 사용하고 값을 많이 부르지 않았으며 믿을 만하기 때문이었다. 그는 요구하는 날짜까지 일을 마칠 수 있으면 그 일을 감당하고 그렇지 않으면 사실대로 말하고 못 지킬 약속을 하지 않았다. 그런 이유로 그에게는 일감이 떨어지지 않았고 주위에 소문이 자자했다.

마틴은 항상 좋은 사람으로 인식되어 왔다. 그러나 노년에 그는 자신의 영혼에 대해 생각하게 되었고 하나님께 더 가까이 이끌리기 시작했다.

아직 그가 다른 장인 밑에서 일하던 시절, 독립해서 가게를 꾸리기 전에 그의 아내는 세 살 된 아들 하나를 남기고 세상을 떠났다. 그 아이의 형들은 모두 유아기를 못 넘기고 죽었다. 처음에 마틴은 시골에 있는 누이에게 아이를 보내려고 했지만 아들 녀석과 떨어져 지내는 것이 미안한 생각이 들었다.

'어린 카피톤이 낯선 가족 사이에서 큰다는 것은 힘든 일일 거야. 내가 그냥 데리고 있도록 하지.'

마틴은 그의 주인을 떠나 어린 아들과 함께 방을 얻었다. 그러나 그는 자식 운이 없었다. 아들이 아버지를 도와 일할 수 있는 나이가 되어 단지 아버지의 기쁨으로서만이 아니라 조력자가 될 무렵, 병에 걸려 일주일을 고열로 앓아 눕더니 죽고 말았다. 마틴은 아들을 땅에 묻고 너무나 큰 절망감에 휩싸였고 하나님에 대해 원망을 터뜨렸다. 슬픔 가운데 늙은 자신은 살려

'노인의 말이 마틴의 가슴에 와 닿았고 바로 그날 마틴은 큰 활자로 된 성경을 읽기 시작했다. 처음에 주일에만 성경을 읽으려 했는데 한 번 읽기 시작하면서 자신의 마음이 밝아지는 것을 발견했고 매일 읽게 되었다. 어떤 때는 성경 읽는데 몰입하는 바람에 등에 기름이 다 닳아 버린 적도 있었다.'

두고 사랑하는 아들을 데려간 하나님을 원망하며 죽게 해달라고 몇 번이고 간청했다. 그 일 이후 마틴은 교회를 떠났다.

어느 날, 마틴의 이웃 마을에 사는 노인이 찾아왔다. 노인은 지난 팔 년간 순례 여행을 하고 있는 사람으로 트로이츠카 왕국을 거쳐 오는 길이었다. 마틴은 그에게 마음을 열고 슬픔에 대해 이야기했다.

"저는 더 이상 살고 싶지 않아요, 어르신." 그가 말했다.

"제가 하나님께 간구하는 것은 어서 저를 데려가 달라는 것뿐이에요. 저는 세상에 아무런 희망이 없습니다."

노인이 대답했다.

"자네에겐 그것을 말할 권리가 없네. 우리는 하나님의 뜻을 판단할 수 없어. 우리의 이성이 아니라 하나님의 뜻이 모든 것을 결정하는 것일세. 만일 하나님이 자네의 아들을 거둬 가고 자네는 살려야겠다고 하셨다면 그것이 최선이지. 자네의 절망은 자네 자신의 행복을 위해 살려는 것에서 나온 것이네."

"누구를 위해 산다는 것이죠?" 마틴이 물었다.

노인이 대답했다.

"하나님을 위한 삶이지, 마틴."

"그분이 우리에게 생명을 주셨네. 그분을 위해 살아야만 하네. 자네가 그분을 위해 살기로 마음먹는다면 더 이상 슬퍼하지 않게 될 걸세. 또한 편안하게 느껴질 걸세."

마틴은 한참 조용히 있었다. 그리고는 물었다.

"어떻게 해야 하나님을 위해 사는 거죠?"

노인은 대답했다.

"하나님을 위한 삶에 대해서 예수 그리스도께서 본을 보이셨네. 자네 글을 읽을 줄 아는가? 그렇다면, 성경을 읽어보게. 하나님이 어떻게 우리를 살리셨는지 나와 있다네. 모든 것이 다 들어 있지."

노인의 말이 마틴의 가슴에 와 닿았고 바로 그날 마틴은 큰 활자로 된 성경을 읽기 시작했다. 처음에 주일에만 성경을 읽으려 했는데 한 번 읽기 시작하면서 자신의 마음이 밝아지는 것을 발견했고 매일 읽게 되었다. 어떤 때는 성경 읽는데 몰입하는 바람에 등에 기름이 다 닳아버린 적도 있었다.

그는 성경 읽기를 계속하였고 읽으면 읽을수록 하나님이 그에게 요구하는 것을 명확하게 이해할 수 있었다. 하나님을 위한 삶이 어떤 것인지 알게 되었고 그의 마음은 더욱 더 밝아졌다. 전에는 잠자리에 들 때마다 마음이 무겁고 아들 카피톤의 생각으로 신음하곤 하였다. 그러나 이제는 기도를 반복할 뿐이었다.

"하나님께 영광, 하나님께 영광, 오 주여! 당신의 뜻대로 이루어지게 하소서!"

그때부터 마틴의 삶이 변했다. 주말이면 선술집에 가서 차를 마시곤 하였고 보드카 한두 잔 정도는 거절하지 않는 그였다. 가끔 친구와 만나는 날이면 술집을 나설 때 아주 만취할 정도는 아니더라도 흥겨워져 쓸데없는 얘기를 하곤 했다. 간혹 주위 사람에게 큰소리를 치거나 욕설을 하기도 했다. 그러나 이제 그런 부류의 사람들과 완전히 다른 인간이 되었다. 그의 생활은 평화롭고 즐거웠다. 아침에는 일을 위해 자리에 앉았고 하루 일과를 마친 후 벽의 등불을 내려 책상에 놓고 선반에서 성경을 가져와 읽기 위해 앉았다. 성경을 읽으면 읽을수록 이해가 더욱 잘 되었고, 마음속은 명쾌해지고 행복감을 느꼈다.

한번은 마틴이 밤늦게까지 성경에 몰두해서 앉아 있을 때였다. 누가복음 6장의 구절들이 마음에 와 닿았다.

"너의 이 뺨을 치는 자에게 저 뺨도 돌려 대며 네 겉옷을 빼앗는 자에게 속옷도 거절하지 말라. 네게 구하는 자에게 주며 네 것을 가져가는 자에게 다시 달라 하지 말며 남에게 대접을 받고자 하는 대로 너희도 남을 대접하라"

그는 또한 주님이 말씀하신 구절을 읽었다.

"너희는 나를 불러 주여 주여 하면서도 어찌하여 내가 말하는 것을 행하지 아니하느냐. 내게 나아와 내 말을 듣고 행하는 자마다 누구와 같은 것을 너희에게 보이리라. 집을 짓되 깊이 파고 주추를 반석 위에 놓은 사람과 같으니 큰 물이 나서 탁류가 그 집에 부딪치되 잘 지었기 때문에 능히 요동하지 못하게 하였거니와 듣고 행하지 아니하는 자는 주추 없이 흙 위에 집 지은 사람과 같으니 탁류가 부딪히매 집이 곧 무너져 파괴됨이 심하니라 하시니라."

마틴이 이 말씀을 읽을 때 내면 깊숙이 영혼이 기뻐 뛰놀았다. 그는 안경을 벗고 성경을 내려놓았다. 그리고 책상에 턱을 괴고 내용을 깊이 생각했다. 읽은 말씀에 비추어 자신의 삶을 돌아보았다. 그는 스스로에게 질문했다.

"나의 집은 반석 위의 집인가, 아니면 모래 위의 집인가? 반석 위에 서 있다면, 걱정이 없을 것이다. 사람이 이렇게 홀로 있는 동안, 그리고 하나님이 명령하시는 것을 모두 행하였다고 생각하는 동안은 모든 일이 평안해 보인다. 그러나 경계를 멈추는 순간 나는 다시 죄를 짓게 된다. 인내할 것이다. 그것이 나에게 즐거움을 가져다준다. 도우소서. 오 주여!"

마틴은 이런저런 생각을 하다가 잠자리에 들려던 참이었다. 그러나 성경을 놔두고 가는 것이 싫었다. 그래서 그는 7장을 읽었다. 거기에는 백부장과 과부의 아들, 요한의 제자들의 질문에 대한 이야기들이 담겨 있었다. 그리고 부자 바리새인이 자신의 집으로 예수님을 초청한 부분까지 읽었다. 죄 지었던 여인이 예수님의 발에 향유를 붓고 눈물로 그것을 닦는 장면과 예수님이 그것을 평가하신 장면을 읽었다. 44절에 이르렀다.

"그 여자를 돌아보시며 시몬에게 이르시되 이 여자를 보느냐 내가 네 집에 들어 올 때 너는 내게 발 씻을 물도 주지 아니하였으되 이 여자는 눈물로 내 발을 적시고 그 머리털로 닦았으며 너는 내게 입 맞추지 아니하였으되 그는 내가 들어올 때로부터 내 발에 입 맞추기를 그치지 아니하였으며 너는 내 머리에 감람 유도 붓지 아니하였으되 그는 향유를 내 발에 부었느니라."

그는 이 구절을 읽고 또 생각했다.

'그는 발 씻을 물도 주지 않았다, 발에 입 맞추지도 않았다, 머리에 기름을 붓지도 않았다.' 마틴은 안경을 벗어 성경 위에 놓고 곰곰이 생각했다.

'그 바리새인은 나 같은 사람이었군. 그 역시 어떻게 하면 차 한 잔을 얻을까, 어떻게 하면 따뜻하고 편하게 지낼 수 있을까, 자기 자신만을 생각하고 손님은 전혀 안중에 없었어. 그는 자기 자신을 돌보았지만 손님에겐 전혀 신경을 쓰지 않았어. 그 손님이 누구셨는가? 주님 자신이 아니셨던가! 만일 그가 나에게 왔다면, 나 역시 그렇게 행동했을 것 아닌가?'

그리고는 마틴은 팔베개를 하고 누웠고 자신도 모르는 새 잠이 들어 버렸다.

"마틴!"

그에게 갑자기 어떤 목소리가 들려왔다. 그의 귀에 대고 속삭이는 듯했다. 그는 잠에서 깨어났다.

"누구신가요?" 그가 물었다.

주위를 돌아보고 문쪽을 보았다. 아무도 없었다. 그는 다시 불렀다. 그때 상당히 또렷하게 목소리가 들렸다.

"마틴, 마틴! 내일 거리 쪽을 잘 보거라. 내가 올 것이다."

마틴은 완전히 잠을 깼다. 의자에서 일어나 눈을 비볐다. 하지만 그가 들은 소리가 꿈인지 생시인지 알 수 없었다. 그는 등불을 끄고 다시 잠자리에 들었다.

다음 날 아침, 마틴은 동이 트기 전에 기도한 후 양배추 수프와 메밀죽을 준비했다. 그런 후 사모바르(러시아의 물 끓이는 주전자)에 불을 붙이고 작업용 앞치마를 두르고 일하기 위해 창가에 앉았다. 일을 시작하면서 마틴은 전날 밤 있었던 일을 생각했다. 그것이 꿈 같기도 하고 어찌 보면 실제 목소리를 들은 것 같기도 했다. 그는 그렇게 생각했다.

"그런 일이야 종종 있었던 일이잖아."

그는 의자에 앉아 일했지만 일보다 창밖을 보는 시간이 더 많았다. 낯선 부츠가 지나갈 때면 허리를 숙이고 위를 올려다봤다. 통행자의 발이 아니라 얼굴을 보기 위해서였다. 새 펠트

부츠를 신은 저택관리인이 지나갔고 물 배달원이 지나갔다. 이제 니콜라스 정권의 노병이 삽을 들고 창가로 다가왔다. 마틴은 부츠만 보고 알 수 있었다. 그의 부츠는 낡고 오래된 펠트부츠로 가죽을 덧붙인 것이었다. 그는 스테파니치라고 하는 사람으로 이웃 상인이 그의 집에서 기거하도록 호의를 베풀었으며 그가 하는 일은 저택관리인을 돕는 것이었다. 그는 마틴의 창 앞에 눈을 치우기 시작했다. 마틴은 그를 한번 쳐다보고 일을 계속했다.

"나이가 들더니 제 정신이 아니야."

마틴은 혼잣말로 자신이 부질없는 상상을 한 것에 헛웃음을 쳤다.

"스테파니치가 눈을 치우기 위해 온 것을 예수님이 찾아온 것으로 상상했으니. 내가 노망이 들었군."

마틴은 열 바늘 정도를 꿰맨 후 다시 창밖을 내다보았다. 스테파니치가 벽에 삽을 기댄 후 자신도 휴식을 취하거나 몸을 따뜻하게 덥히려 하고 있었다. 그는 나이가 들고 쇠약해져서 눈을 치울 힘조차 없는 것이 분명했다.

마틴은 생각했다.

"그를 불러서 차를 좀 대접하면 어떨까? 사모바르가 이제 끓기 시작하는군."

그는 제 자리에 못을 박고 일어나서 식탁에 사모바르를 갖다 놓고 차를 만들었다. 그리고는 손가락으로 창문을 두드렸다. 스테파니치가 돌아보고 창가로 왔다. 마틴이 들어오라고 손짓하더니 문을 열기 위해 나갔다.

"들어오시죠." 그가 말했다.

"몸을 좀 녹이시구려, 몸이 얼었을 텐데."

"하나님의 축복이 넘치시길." 스테파니치가 대답했다.

"뼈가 아리는군요."

그는 눈을 털고 나서 안으로 들어왔다. 바닥에 자국이 남지 않도록 발로 문지르다가 몸이 비틀거리면서 쓰러질 뻔했다.

"발로 문지르려고 애쓰지 마시구려." 마틴이 말했다.

"바닥은 나중에 내가 치울 테니. 그게 다 하루 일과에 들어가 있는 일이라우. 이리 와서 앉아 차를 좀 드시오."

큰 컵 두 잔을 가득 채운 후 하나를 스테파니치에게 건넸다. 그리고 잔을 들어 후후 불며 마시기 시작했다. 스테파니치는 금새 잔을 비우고 뒤집어 놓았다. 남은 설탕조각은 그 위에 올려 놓았다. 그는 여러 차례 감사를 표했지만 좀 더 마셨으면 하는 표정이었다.

"한 잔 더 하시구료." 마틴이 그의 잔을 다시 채워 주었다.

스테파니치가 차를 마시는 동안 마틴은 거리를 쳐다보고 있었다.

"누구를 기다리고 계시나요?" 스테파니치가 물었다.

"누구를 기다리냐구요? 말하긴 부끄럽지만. 사실 누구를 기다리는 건 아니지만 지난 밤에 무슨 소리를 들었는데 그게 잊혀지지 않는구료. 환상이었는지 그저 허상이었는지 모르지만. 보시구료. 사실 지난 밤에 복음서를 읽었다우. 주 예수 그리스도에 대한 것이지. 그분이 어떻게 고난을 당하셨는지, 어떻게 이 땅을 걸으셨는지에 대해서 말이요. 당신도 그것을 들었을 텐데. 내 얘기를 들어보시구료."

"나도 그에 대해 들어보았지요." 스테파니치가 대답했.

"하지만 배우지 못해서 읽지는 못합니다."

"그러셨구먼. 난 예수님이 이 땅에서 행하신 일들을 읽고 있었다우. 어느 부분인가 하면, 바리새인을 만나러 가신 장면이오. 그들은 예수님을 제대로 영접하지 못했소. 그 부분을 읽으면서 생각했죠, 이 사람이 예수님을 합당한 존경심을 가지고 영접하지 못했구나. 그런 일이 나 같은 사람에게 일어난다면, 어떻게 영접하지 않을 수 있겠는가! 하지만 그 사람은 아무런 대접도 하지 않았어. 글쎄, 난 이런 생각을 하면서 그만 졸고 말았구려. 졸다가 누군가 내 이름을 부르는 소리를 들었소. 난 일어나서 생각했지요. 분명히 누군가 내 귀에 속삭이듯, '기다려라, 내

사랑에 대하여 201

일 내가 너를 찾을 것이다.' 이런 소리를 두 번이나 들었지 뭐요. 솔직히 말해 그 말씀이 내 마음에 깊이 들어왔다오. 창피한 얘기지만 그분을 기다리고 있소. 나의 사랑하는 주님을 말이오."

스테파니치는 조용히 고개를 흔들었다. 잔을 비워 한쪽에 놓았다. 마틴은 그의 잔을 가져다가 다시 가득 채워 주었다.

"자, 한 잔 더 드시게나! 음, 난 또 생각했소. 그분이 이 땅에서 행하신 일과 아무도 가벼이 여기지 않은 모습을. 오히려 그분은 가난한 민중을 찾아다니셨지요. 평범한 사람들과 함께 다니시고 우리 같은 부류들, 죄인인 우리 같은 노동자들 가운데서 그분의 제자를 선택하셨지요. 그분은 말씀하시기를 '스스로 높이는 자는 낮아질 것이고 스스로 낮추는 자는 높힘을 받을 것이라'고 하셨다오. '너희는 나를 주라 부르지만 나는 너희의 발을 씻길 것이다', '처음이 되려는 자는 모든 사람을 섬기는 자가 되리라' 예수님은 말씀하셨지요. '가난한 자, 겸손한 자, 온유한 자, 긍휼한 자, 이들에게 복이 있도다.'"

스테파니치는 차 마시는 것을 잊었다. 그는 나이 들면서 쉽게 눈물을 흘렸다. 이야기를 듣는 동안 뺨에서 계속 눈물이 흘렀다.

"자, 좀 더 드시게나." 마틴은 말했다.

스테파니치는 손을 저으며 감사하다는 말을 하고 잔을 치웠다. 그리고 일어섰다.

"고마워요, 마틴 아브데이치." 그는 말했다.

"당신은 나에게 몸과 마음을 위한 양식과 위로를 주었어요."

"별말씀을. 나중에 또 오시오. 함께 해줘서 고맙소." 마틴이 말했다.

스테파니치는 자리를 떠났다. 마틴은 남은 차를 다 따라 마셨다. 찻잔 등을 치우고, 부츠의 뒷부분 바느질을 마무리하기 위해 자리에 앉았다. 바느질을 하면서 그는 창밖을 계속 내다보았다. 예수님을 기다리면서, 그분과 그분의 사역을 생각하면서. 또 머릿속은 예수님의 말씀으로 가득 찼다.

병사 둘이 지나갔다. 한 사람은 나라에서 지급한 부츠를 신었고 또 한 사람은 자신이 직접 산 부츠였다. 곧이어 이웃집 주인이 번쩍이는 고무덧신을 신고 지나갔다. 바구니를 든 빵집 주인도 지나갔다. 이 사람들 모두 지나가자 털실로 짠 스타킹을 신고 농사꾼 신발을 신은 여자가 다가왔다. 그 여자는 창문을 지나쳤다. 그러나 벽에 멈춰섰다. 마틴은 창문을 통해 그 여자를 올려다보았고, 그 여자는 마을 사람이 아니었다. 그 여자는 초라한 옷을 입고 아기를 안고 있었다. 바람을 등으로 맞으며 벽에 기대 섰고 아기를 감쌀 것도 별로 없었지만 감싸안으려 했다. 여자는 여름옷 밖에 없었고 그것마저 낡고 헤져 있었다. 창문으로 우는 소리가 들렸고 여자는 아기를 달래고 있었다. 울음이 그치지 않았다. 마틴은 일어나 문밖 계단으로 올라가서 여자를 불렀다.

"이봐요, 부인!"

여자가 몸을 돌렸다.

"추운데 왜 아기를 데리고 거기 서 있는 거요? 안으로 들어와요. 따뜻한 데서 아기를 잘 감싸도록 해요. 이리 오세요!"

그 여자는 코에 안경을 걸치고 앞치마를 한 노인이 자신을 부르는 것을 보고 깜짝 놀랐다. 곧 그를 따라 안으로 들어왔다.

그들은 계단을 내려가 작은 방으로 들어갔다. 마틴은 여자를 침대 쪽으로 이끌었다.

"자, 거기 앉아요. 난로가에서 몸을 좀 덥히고 아기에게 먹을 것을 좀 줘요."

"젖이 없어요. 저는 아침부터 아무것도 못 먹었어요." 여자가 말했다. 아직도 여자는 아기를 안고 있었다.

마틴은 고개를 저었다. 그는 접시에 약간의 빵을 담았다. 그리고 화로를 열어 접시에 양배추 수프를 부었다. 죽 냄비를 꺼내었는데 아직 덜 익어서 먹을 수가 없었다. 그는 수프와 빵을 준비해 식탁에 올려놓았다.

"앉아서 드세요. 아기는 내가 볼 테니. 다행히 아이를 돌본 적이 있다오. 그래서 아기 다루는 법을 알지요."

그 여자는 식탁에서 먹기 시작했고 그동안 마틴은 아기를 침대에 눕히고 옆에 앉아 있었다. 그는 뽀뽀하려고 몇 번 시도했지만 이가 없어 잘 할 수 없었고 아기는 계속 울었다. 그러자 마틴은 아기에게 손가락으로 어르기를 시도했다. 아기 입에 손가락을 넣었다 뺐다를 하려는 듯 움직였다. 하지만 마틴은 아기가 그의 손가락을 입으로 가져가지 못하게 했다. 그의 손가락은 구두왁스로 시커멓게 되어 있었기 때문이다. 아기는 처음에 손가락을 조용히 바라만보더니 웃기 시작했다. 그러자 마틴의 마음속이 기쁨으로 가득해지는 것을 느꼈다.

여자는 식사하면서 이야기했다. 자신이 누구인지 어디에 살았는지.

"저는 군인의 아내랍니다." 여자가 말했다.

"그 사람들이 남편을 먼 곳으로 보내 버렸어요. 팔 개월 전이지요. 그 이후 아무런 소식도 못 들었어요. 아기가 태어나기 전까지 요리사로 일했는데 출산 후 아기와 함께 있지 못하게 하더군요. 삼 개월 동안 안간힘을 쓰며 힘들게 살아왔어요. 일할 곳을 찾을 수가 없어 먹을 것을 구하려고 가진 것들을 모두 팔아버렸어요. 유모로 가려고 했는데 아무도 받지 않더라구요. 제가 너무 야위었다는 거예요. 지금 한 상인의 부인을 만나고 오는 길이에요. 이미 우리 마을 출신의 여자가 그 집에서 일하고 있긴 하지만 부인은 저를 쓰기로 약속했죠. 모든 것이 해결됐다고 생각했어요. 그런데 그녀가 다음 주 지나서 다시 오라는 거예요. 그곳은 너무 멀고 저는 기진맥진한 상태구요, 아기는 너무 굶었어요. 불쌍한 녀석. 다행히 그 부인이 우리를 불쌍히 여겨서 자기 집에 묵을 수 있도록 허락했어요. 그렇지 않았으면 어떻게 해야 할지 난감했지요."

마틴은 한숨을 쉬었다.

"따뜻한 옷이 전혀 없나요?" 그가 물었다.

"따뜻한 옷이 어디 있겠어요? 어제 육 펜스짜리 숄을 마지막으로 저당 잡혔어요." 여자는 말했다.

여자는 아기를 안았고 마틴은 자리에서 일어났다. 그는 벽에 걸려 있는 옷들을 살펴 오래된 외투를 가지고 돌아왔다.

"이거," 그는 말했다.

"좀 낡고 오래되긴 했지만 아기를 감싸안기엔 쓸 만할 거요."

여자는 외투를 보고 또 노인을 쳐다보다가 외투를 붙잡고 눈물을 터뜨렸다.

마틴은 돌아서서 침대 밑을 더듬어 작은 트렁크를 꺼냈다. 그 안의 것들을 뒤지더니 다시 여자의 맞은편에 앉았다.

여자는 말했다.

"하나님이 복 주실 겁니다. 확실히 그리스도께서 저를 당신의 창문으로 인도하셨어요. 그렇지 않으면 아기는 얼어 죽었을 거예요. 출발할 때 날씨가 따뜻했는데, 보세요, 얼마나 추워졌는지. 그리스도께서 당신에게 창문을 보게 하시고, 가엾은 사람! 하고 저를 불쌍히 여기도록 하신 게 틀림없어요."

마틴은 웃으며 말했다.

"사실이에요. 그리스도께서 그렇게 하도록 하셨어요. 그렇지 않으면 창밖을 볼 일이 없는 사람이거든요."

그는 여자에게 그가 꾼 꿈을 말하며 그날 자신을 찾겠노라 하신 예수님의 음성을 전해 주었다.

"누가 알겠어요? 그런 일이 없으란 법도 없잖아요." 여자는 말했다.

그리고 아기를 둘러 업고 외투를 어깨에 두르고 나서 마틴에게 인사했다. 다시 한 번 감사를 표했다.

"자, 여기……."

마틴은 여자에게 저당 잡힌 숄을 되찾도록 육 펜스를 건네 주었다. 여자는 성호를 그었고 마틴도 성호를 그었다. 그리고 여자가 나가는 것을 지켜보았다.

마틴은 남은 양배추 수프를 마저 먹은 후 설거지를 했고 다시 일하려고 자리에 앉았다. 그는 일을 시작했지만 창밖을 보는 것을 잊지 않았다. 매번 창문에 그림자가 비칠 때마다 누가 지나가는가 올려다 보았다. 그가 아는 사람이나 외지인들이 지나갔지만 특이한 사람은 없었다.

한참 후, 마틴은 사과 파는 여인이 창문 바로 앞에 멈추는 것을 보았다. 그녀는 큰 바구니를 가지고 있었는데 남은 사과는 별로 없었다. 거의 다 판 것이 분명했다. 그녀는 등에 나뭇조각이 가득 담긴 자루를 이고 있었는데 집에 가져가려는 것 같았다. 아마 건물공사장에서 주워 모은 것이 틀림없었다. 자루 때문에 등이 아픈지 그녀는 자루를 한쪽 어깨에서 다른 쪽으로 옮기려 했다. 길에 자루를 내려놓고 바구니를 한쪽 기둥에 걸고 자루를 털어 나뭇조각을 정리하려고 하였다.

그녀가 그 일을 하는 동안 다 헤진 모자를 쓴 소년이 달려와 바구니에서 사과 하나를 움켜쥐고 달아나려 했다. 늙은 여인은 눈치챘고, 돌아서서 소년의 소매를 붙잡았다. 늙은 여인은 달아나려고 발버둥치는 소년을 양손으로 꽉 잡고 모자를 벗겨 머리채를 잡았다. 소년은 비명을 질렀고 늙은 여인은 야단을 쳤다.

마틴은 작업하던 송곳을 떨구었으나 주울 새 없이 문쪽으로 달려 나갔다. 계단에서 넘어져 안경을 떨어뜨리면서 거리로 나갔다. 늙은 여인은 소년의 머리채를 잡은 채 경찰에게 데려가겠다고 위협하고 있었다. 소년은 버둥거리며 자신이 한 짓을 부인했다.

"훔치지 않았어요. 왜 나를 때리는 거예요? 놓아주세요!"

마틴은 두 사람을 떼어놓았고, 한 손으로 소년을 붙잡은 채 말했다.

"아이를 놔주시죠. 할머니, 아이를 용서해 주세요."

"물론 풀어 주지요. 다시 이런 짓을 못하도록 혼낸 다음에. 경찰에 넘겨야 돼요!"

마틴은 늙은 여인에게 간청하기 시작했다.

"풀어 주세요. 할머니, 다시는 그런 짓을 하지 않을 거예요. 예수님의 이름으로 용서해 주세요."

할머니가 손을 놓자 소년은 달아나려 했지만 마틴이 그를 세웠다.

"할머니에게 용서를 빌어라!" 그는 말했다.

"다시는 그런 짓을 하지 마라. 네가 훔치는 것을 다 보았단다."

그러자 소년은 울면서 용서를 빌었다.

"잘했다. 자, 여기 사과를 가지렴."

마틴은 바구니에서 사과를 꺼내 소년에게 주었다.

"할머니, 값은 제가 낼 겁니다."

"그런 식으로 하면 아이들을 망치게 돼요. 못된 놈 같으니라구." 늙은 여인은 말했다.

"저런 녀석은 회초리로 호되게 맞아야 다시는 그런 짓을 안

한다구요."

"오, 할머니, 할머니," 마틴이 말했다.

"그건 우리들 방식이고 하나님의 방법은 달라요. 사과를 훔친 이유로 이 녀석이 벌을 받아야 한다면, 우리가 지은 죄는 어떻게 하죠?"

그 말에 할머니는 더 이상 아무 말 하지 않고 조용히 있었다.

마틴은 할머니에게, 많은 빚을 진 하인의 부채를 탕감해 준 주인의 비유를 들려주었다. 그 종이 나가서 자신에게 빚진 자의 목을 잡고 어떻게 했는지, 늙은 여인은 다 들었고 소년도 옆에 서서 들었다.

"하나님은 우리에게 용서를 말씀하십니다. 그렇지 않으면 우리도 용서받을 수 없거든요. 모두 용서해 주세요. 누구보다 철없는 어린 녀석을 말입니다."

늙은 여인은 고개를 끄덕이며 한숨을 쉬었다.

"그 말이 옳아요." 그녀는 말했다.

"하지만 애들이 점점 더 버릇이 없어지니."

"그건 나이 든 사람들이 모범을 보여야만 해요." 마틴이 대답했다.

"그게 바로 내가 말하려는 거예요." 늙은 여인이 말했다.

"아이들이 일곱이 있었지요. 지금은 딸 하나만 남았어요."

늙은 여인은 딸과 어디에서 어떻게 살아가는지, 손주가 몇이나 되는지 말하기 시작했다.

"이젠, 힘도 별로 안 남았지만, 손주들을 위해 열심히 일하지요. 녀석들은 아주 착한 아이들이예요. 날 마중나오는 건 아이들뿐이지요. 귀여운 애니, 그 녀석은 절 떠나지 않을 거예요. '할머니, 할머니, 사랑해요, 할머니!' 그러지요."

늙은 여인은 손주 생각에 푹 빠져들었다.

"물론, 녀석이 아직 어려서 그렇겠지요. 하나님이 잘 인도하시겠지요." 할머니는 소년을 바라보며 말했다.

할머니가 어깨에 자루를 들어 올리려고 하자 소년이 잽싸게 다가갔다.

"할머니, 제가 들어 드릴게요. 저도 같은 방향으로 갈 거예요."

늙은 여인은 머리를 끄덕이고 소년의 등에 자루를 올렸다. 그리고 그들은 함께 거리를 내려갔다. 할머니는 마틴이 지불하기로 한 사과 값을 까마득히 잊고 있었다 마틴은 그들이 이야기를 나누며 걸어가는 모습을 바라보았다.

그들이 시야에서 사라지자 마틴은 집안으로 들어왔다. 계단에 떨어진 안경이 부러지지 않은 것을 발견하고 송곳을 주워 작업의자에 앉았다. 다시 일을 한 지 얼마 지나지 않아 그는 가죽 구멍으로 두꺼운 실이 통과하는 것이 보이지 않는다는 사실을 알았다. 마침 거리에 등을 켜는 사람이 가스등에 불을 붙이며 다니고 있었다.

'불을 켤 때가 되었군.'

그는 등에 불을 붙여 벽에 매달고 다시 일하기 위해 자리에 앉았다. 부츠 하나를 끝내고 이리저리 돌리며 마무리 검사를 했다. 제대로 되어 있었다. 그제서야 그는 장비를 모두 한 군데로 모으고 부스러기들을 깨끗이 버린 후 두꺼운 실과 실타래와 송곳을 챙기고 램프등을 내려 식탁에 옮겨 놓았다. 그리고 선반에서 성경을 가져왔다. 그는 모로코가죽 조각으로 표시해 둔 곳을 펼치려고 했다. 그러나 성경은 다른 곳이 펼쳐졌다.

마틴이 성경을 펼치는 순간 어제의 꿈이 되살아났다. 그리고 바로 발자국 소리가 들리는 듯 느껴졌다. 그의 뒤에 누군가 있는 것처럼. 마틴이 뒤돌아보았다. 그러자 저쪽 어두운 구석에 사람들이 서 있는 것만 같았고 누군지 구별할 수 없었다. 그의 귀에 음성이 들려왔다.

"마틴, 마틴, 나를 모르느냐?"

"누구신가요?" 마틴이 조용한 목소리로 말했다.

"내가 그이다." 그 목소리가 말했다.

어두운 구석에서 스테파니치가 미소 지으며 걸어 나오는 듯 하더니 안개처럼 더 이상 보이지 않고 사라져 버렸다.

"내가 그이다." 다시 그 목소리가 들렸다.

어둠 속에서 아기 안은 여인이 걸어 나오며 그녀의 미소와 아기의 웃음소리가 들리더니 역시 사라졌다.

"내가 그이다." 또 한 번 목소리가 들렸다.

이번에는 늙은 여인이 사과를 든 소년과 함께 미소 지으며 걸어 나왔고 곧 사라졌다.

마틴의 영혼이 기쁨에 휩감겼다. 그는 성호를 긋고 안경을 쓴 후 펼쳐진 바로 그 페이지를 읽기 시작했다. 페이지의 맨 윗부분을 읽었다.

"내가 배고플 때에 네가 나에게 먹을 것을 주었고, 내가 목마를 때에 네가 나에게 마실 것을 주었다. 내가 나그네였을 때 네가 나를 맞아 주었다."

마틴은 페이지의 마지막을 읽었다.

"너희가 여기 내 형제 중에 지극히 작은 자 하나에게 한 것이 곧 내게 한 것이니라."

마틴은 꿈이 이루어진 것을 알았다. 주님이 그날 실제로 그에게 오셨고 그분을 잘 대접했다는 것을 알았다.

1885년

Q T 사랑이 있는 곳에 하나님이 계신다
Where love is, God is

주님의 사랑 안에 산다는 것이 어떤 것일까요?

누가복음 7장 47절에서 예수님은 이렇게 말씀하신다.

"(중략)사함을 받은 일이 적은 자는 적게 사랑하느니라"

이 말씀은 단순히 바리새인 시몬을 탓하는 말씀이 아니라 우리의 연약한 심령을 꿰뚫어 보시는 말씀이 아닌가 싶다. 보고 듣고 느끼고 경험한 것 이상 우리는 알 수 없다. 그래서 혹자는 우리가 언어로 표현할 수 있는 것 이상은 상상하지 못한다고 하지 않는가. 믿음이 무엇인지, 사랑이 무엇인지, 많은 말을 할 수 있겠지만 오늘 톨스토이가 이 단편을 통해 전하는 것처럼 단순명료할 수 있을까.

아내와 아이를 먼저 하늘나라에 보낸 늙은 마틴에게 남은 것은 절망과 원망뿐이었을 것이다. 그 상처로 인하여 하나님과 멀어졌던 마틴에게 어느 날 한 순례자가 찾아와 그의 옛사랑을 회복시켜준다.

"그렇지 않다면 누구를 위해 산다는 것이죠?"

"어떻게 해야 하나님을 위해 사는 거죠?"

마틴의 질문에 순례자는 인생의 참된 행복이 주님을 위해 살아갈 때 얻어지는 것이며 그것은 바로 예수님의 삶을 본받는 삶이라고 대답한다.

늙은 마틴은 그날 이후 성경에 빠져들기 시작한다. 밤늦게까지 읽다가 잠에 들곤 하는 날들이 반복된다. 어느 날, 마틴이 잠결에 들은 주님의 음성, "내일 내가 너를 찾으리라" 어쩌면 이 음성은 믿는 사람들 모두 평생 꿈꾸는 목소리가 아닐까.

다음 날, 마틴은 하루 종일 눈이 빠지게 주님을 기다린다. 그 한나절에 마틴은 평소에 눈여겨보지 않던 이웃들을 마주치게 된다. 청소부 스테파니치, 아기를 안고 추위에 떨고 있는 홀로 된 여인, 사과를 파는 늙은 여인과 그것을 훔치려던 소년, 모두 무심코 지나치던 이웃들이었다.

그날 마틴은 그들에게 따뜻한 차 한 잔과 옷 한 벌, 아이를 대신해 용서를 구하는 경험을 하게 된다. 마틴은 사과를 파는 노인에게 소년을 용서해 줄 것을 부탁하며, "저 아이를 용서해 주시구려, 그렇지 않으면 우리도 용서받을 수 없어요."라고 말한다. 너무나 단순한 원리지만 우리가 잊고 사는 말씀이다.

그날 밤, 마틴은 잠자리에 들기 전 다시 한 번 주님의 음성을 듣는다. 어두운 방 한 구석에서 음성이 들려왔다.

"내가 그이다."

어둠 속에서 조용한 음성이 들려왔다. 그리고 그날 낮에 만난 청소부 스테파니치와 아기를 안은 불쌍한 여인과 사과 파는 노인과 소년의 모습이 실루엣처럼 차례대로 나타났다가 사라진다. 마틴의 가슴이 벅차올랐고 그는 펼쳐진 성경을 읽었다.

"내가 배고플 때에 네가 나에게 먹을 것을 주었고, 내가 목마를 때에 네가 나에게 마실 것을 주었다. 내가 나그네였을 때 네가 나를 맞아 주었다"

짧은 글이지만 주님의 사랑 안에 산다는 것이 어떤 것인가를 강하고 간결하게 전하는 이야기가 아닌가 싶다. 톨스토이 자신이 『고백록』에서 밝혔듯이 어린 시절 교회를 떠나 있다가 오십여 년만에 주님께 돌아오고 이후 모든 것을 주님을 위해 바친 그의 삶의 모습이 단편 가운데 시종 느껴진다.

Leo Nikolaievitch Tolstoy 3부

믿음에 대하여

믿음이 없이는 하나님을 기쁘시게 하지 못하나니
하나님께 나아가는 자는 반드시 그가 계신 것과
또한 그가 자기를 찾는 자들에게 상주시는 이심을
믿어야 할지니라 _히브리서 11:6

믿음의 주요 또 온전케 하시는 이인 예수를 바라보자
그는 그 앞에 있는 기쁨을 위하여
십자가를 참으사 부끄러움을 개의치 아니하시더니
하나님 보좌 우편에 앉으셨느니라 _히브리서12:2

Leo Nikolaievitch Tolstoy

세 은자
_볼가강 지역에 전해 내려오는 이야기

또 기도할 때에 이방인과 같이 중언부언하지 말라 그들은 말을 많이 하여야 들으실 줄 생각하느니라 그러므로 그들을 본받지 말라 구하기 전에 너희에게 있어야 할 것을 하나님 너희 아버지께서 아시느니라 _마태복음 6:7-8

한 주교가 아르한겔스크에서 솔로베츠키 수도원으로 항해하고 있었다. 같은 배에 많은 순례자들이 그곳 성전을 방문하기 위해 타고 있었다. 부드러운 바람과 온화한 날씨로 항해는 순탄했다. 순례자들은 갑판 위에 누워 음식을 먹거나 여럿이 둘러앉아 담소를 나누었다. 주교 역시 갑판에서 왔다 갔다 하던 중에,

뱃머리 근처에서 여러 사람들이 한 어부가 바다를 가리키며 말하는 것을 듣고 있는 광경에 주목했다.

주교는 멈춰 서서 어부가 가리키는 방향을 보았다. 햇빛에 반짝이는 바닷물결 외에 아무것도 볼 수 없었다. 주교는 어부의 말을 들으려고 더 가까이 다가섰다. 그러나 주교를 본 어부는 모자를 벗고 말을 멈추었다. 나머지 사람들도 모자를 벗고 그에게 정중히 인사했다.

"여러분, 제게 신경 쓰지 마세요. 저는 이 사람이 무슨 말을 하는지 들으려고 왔을 뿐입니다." 주교가 말했다.

"이 어부가 은자들에 대해 말하고 있었습니다,"

사람들 중 가장 털털한 성격의 상인이 대답했다.

"은자라구요?" 주교는 배 한쪽에 있는 상자에 앉으며 물었다.

"그들에 대해 말해 주시구료. 들어보고 싶군요. 당신이 손가락으로 가리킨 게 무엇인가요?"

"그건 저쪽에 보이는 작은 섬입니다." 어부가 대답하며 저 멀리 오른편에 작은 점 하나를 가리켰다.

"저곳이 은자들이 영혼 구원을 위해 살고 있는 곳입니다."

"섬이 어디에 있다는 거지요? 아무것도 안 보이는데요." 주교가 물었다.

"제 손 끝을 따라 가시면 보일 거예요. 저기 작은 구름이 보이시나요? 그 아래 약간 왼쪽으로 희미한 선이 있지요. 그게 바로 그 섬입니다."

주교는 주의깊게 바라보았으나 바다에 익숙하지 않은 그의 눈은 태양에 어른거리는 물결 외에는 아무것도 보지 못했다.

"보이지 않는데요. 그런데 거기 살고 있는 은자들은 어떤 사람들인가요?"

"성인(聖人)들이지요." 어부가 대답했다.

"그들에 대한 이야기는 오래전부터 들었는데 직접 본 것은 재작년이었습니다."

어느 날 어부가 고기를 잡으려고 바다에 나갔을 때, 한밤중에 어딘지 모르는 그 섬에 좌초되었던 이야기를 했다. 아침이 되어, 섬을 배회하다가 한 오두막 근처에 서 있는 노인을 만났다. 얼마 안 되어 두 사람이 나왔고 그들은 먹을 것을 주고 물품들을 말리고 배를 고치는 일을 도왔다.

"그들은 어떻게 생겼습니까?" 주교가 물었다.

"한 사람은 작은 분인데 등이 굽었구요. 성직자복을 입은 노인이었습니다. 백 살도 더 된 것 같아요. 워낙 늙으셔서 흰 턱수염이 푸르스름한 빛을 띨 정도였습니다. 항상 웃는 모습이셨고 얼굴은 하늘에서 내려온 천사처럼 밝게 빛나고 있었어요. 두 번째 분은 키가 큰 편이었는데 그분 역시 노인인데 다 헤진 농부

옷차림이었습니다. 턱수염이 잔뜩 나 있었는데 누르스름한 회색빛이었습니다. 힘이 좋은 분이었습니다. 제가 돕기 전에 제 배를 양동이 뒤집듯이 뒤집어 버렸습니다. 그분 역시 친절하고 유쾌한 분이었습니다. 세 번째 분은 키가 크고 눈처럼 하얀 턱수염이 무릎에 닿을 정도로 길었습니다. 눈썹이 눈을 덮고 있었고 단호한 분이었습니다. 그분은 포대만 허리춤에 두르고 아무것도 입지 않으셨습니다."

"그분들이 무슨 말을 하던가요?" 주교가 물었다.

"대체로 말없이 일하셨습니다. 자기들끼리도 거의 말씀하지 않으셨습니다. 서로 눈짓만으로 알아듣는 것 같았습니다. 그분들 중 가장 키가 큰 분한테 여기서 오래 사셨는지 물었는데 그분은 얼굴을 찡그리고 화난 듯 중얼거리셨습니다. 가장 나이 든 분이 그의 손을 잡고 미소 짓자 조용해졌습니다. 연세가 가장 많은 분은 그저 '용서하시기를!' 하며 미소를 지으셨습니다."

어부가 말하는 동안 배가 섬 가까이 다가갔다.

"저기입니다. 이제 조금만 집중하면 쉽게 보이시겠네요." 상인이 손가락으로 가리키며 말했다.

주교는 바라보았다. 정말 짙은 선이 하나 보이고 바로 섬이었다. 한참 바라보던 주교는 뱃머리를 나와 고물 쪽으로 가서 조타수에게 물었다.

"저건 무슨 섬이죠?"

"이름 없는 섬이죠. 이곳 바다에는 저런 섬들이 많이 있습니다." 조타수가 대답했다.

"자신의 영혼을 구원하고자 은자들이 섬에 살고 있다는 것이 사실입니까?"

"그렇게 말들을 합니다. 하지만 저는 잘 몰라요. 어부들이 봤다고 합니다만 지어낸 얘기일 수도 있죠."

"그 섬에 내려서 그분들을 만나고 싶은데, 어떻게 해야 할까요?" 주교가 물었다.

"이 배는 그 섬 가까이 갈 수 없어요." 조타수가 대답했다.

"보트를 타고 노 저어서 갈 수는 있죠. 선장에게 말씀하시는 게 좋을 것 같네요." 조타수가 말했다.

주교는 선장을 오라고 했다.

"이곳에 은자들을 만나고 싶습니다. 제가 노를 저어 바닷가로 갈 수 있을까요?"

주교가 말했다.

선장은 그를 만류하려고 노력했다.

"물론, 그러실 수는 있습니다만……." 선장이 말했다.

"시간을 너무 많이 지체할 수 있습니다. 말씀드리긴 뭐하지만 그런 수고를 할 만큼 가치 있는 노인들은 아닌 듯합니다. 제가 듣기로 어리석은 노인네들이라고 하더군요. 아무것도 이해를 못하고 바닷속 물고기처럼 말 한마디 못하는 노인네들이라고 말입니다."

"그들을 만나고 싶습니다." 주교는 말했다.

"선장님께서 어려운 부분이 있거나 시간을 지체하는 것에 대해 보상하겠습니다. 그러니 보트 한 척을 내어 주십시오."

선장은 어쩔 도리가 없이 선원들에게 지시했다. 선원들이 돛을 조정하고 키잡이가 키를 움직이자 배의 방향이 그 섬을 향했다. 주교는 뱃머리에 마련된 의자에 앉아 전방을 바라보았다. 승객들이 뱃머리로 모여 섬을 응시했다. 시력이 좋은 사람은 이제 그 섬의 바위들도 식별할 수 있었고 곧 흙으로 지은 오두막집이 보였다. 마침내 한 사람이 은자들을 보았다고 했다. 선장은 망원경으로 본 후 주교에게 건네며 말했다.

"그 말이 사실이네요. 노인 셋이 있네요. 저기, 큰 바위에서 조금 오른쪽에."

주교는 망원경의 위치를 맞추었다. 정말 세 사람이 있었다. 키가 큰 사람과 약간 작은 사람, 그리고 가장 키가 작고 등이 굽은 사람이 바닷가에서 손을 잡고 서 있었다.

선장이 주교에게 돌아서며 말했다.

"더 이상 배는 바닷가로 다가갈 수 없습니다. 바닷가로 가고 싶으면 이곳에 정박해 있는 동안 보트를 타고 다녀오셔야 합니다."

선원들이 재빠르게 닻줄을 풀고 닻을 내린 후 돛을 감았다. 배가 멈추면서 흔들렸다. 보트가 내려지고 노 젓는 사람들이 뛰어 내린 후 주교가 사다리로 내려가 보트에 자리를 잡았다. 사람들이 노를 젓자 보트가 빠르게 움직이며 섬을 향해 나아갔다. 섬에 가까이 다가가자 세 노인이 있었다. 허리에 포대만 두른 키 큰 노인과 다 해진 농부옷을 입은 작은 키의 노인, 그리고 가장 나이 많은 등이 굽고 낡은 성직자복을 입은 노인, 세 사람은 서로 손을 잡고 서 있었다.

노 젓는 사람들이 해안에 배를 대고 갈고리 장대로 걸었다. 주교는 배에서 내렸다.

노인들이 주교에게 고개 숙여 인사했고 주교가 그들에게 축복기도를 하자 더 낮은 자세로 인사했다. 주교는 그들에게 말하기 시작했다.

"경건한 여러분들이 이곳에 살면서 자신의 영혼 구원과 이웃을 위해 주 예수 그리스도에게 기도하고 있다고 들었습니다. 그리스도의 무익한 종인 저는 하나님의 은총으로 그분의 양들을 지키고 가르치도록 부르심을 받았습니다. 저는 하나님의 종인 여러분을 만나고 싶었고 제가 할 수 있는 한 여러분을 가르치고

믿음에 대하여 225

' 주교는 하나님께서 당신 자신을 어떻게 계시하셨는지 설명하면서 성부, 성자, 성령에 대해 이야기했다.
"성자께서는 인간을 구원하기 위해 이 땅에 오셨습니다. 그리고 우리 모두에게 기도하는 법을 가르쳐 주셨습니다. 잘 들으시고 따라해 보세요. 우리 아버지시여." '

싶습니다."

 노인들은 미소를 머금고 서로를 바라보았지만 아무 말도 하지 않았다.

 "여러분의 영혼을 구원하기 위해 무엇을 하시는지, 또 이 섬에서 하나님을 섬기기 위해 어떻게 하시는지 말씀해 주세요."

 두 번째 은자가 한숨 쉬며 가장 나이 많은 은자를 쳐다보았다. 그러자 나이 많은 은자가 미소 지으며 말했다.

 "우리는 어떻게 하나님을 섬겨야 할지 모릅니다. 그저 하나님의 종으로서 우리 자신을 섬기고 부양할 뿐입니다."

 "하나님께 기도는 어떻게 하십니까?" 주교가 물었다.

 "이런 식으로 하죠," 은자가 대답했다.

 "당신께서는 삼위(三位)이십니다. 저희도 삼인(三人)입니다. 저희에게 자비를 베푸소서."

 나이 많은 은자가 이렇게 말하자, 세 은자 모두 눈을 하늘로 향하고 반복했다.

 "당신께서는 삼위(三位)이십니다. 저희도 삼인(三人)입니다. 저희에게 자비를 베푸소서."

 주교의 얼굴에 미소가 떠올랐다.

 "삼위일체에 대해 들어보셨군요." 주교는 말했다.

 "기도는 그렇게 하는 게 아닙니다. 하나님을 경외하는 마음도 느껴지고 하나님을 기쁘게 하려는 여러분의 마음도 알겠습니다. 그러나 그분을 어떻게 섬겨야 할지 모르는 것 같습니다. 제가 가르쳐 드릴 테니 잘 들어 보세요. 이 기도는 제 방식이 아니라 성경에서 하나님이 기도하는 사람에게 알려 주신 방법입니다."

주교는 하나님께서 당신 자신을 어떻게 계시하셨는지 설명하면서 성부, 성자, 성령에 대해 이야기했다.

"성자께서는 인간을 구원하기 위해 이 땅에 오셨습니다. 그리고 우리 모두에게 기도하는 법을 가르쳐 주셨습니다. 잘 들으시고 따라해 보세요. 우리 아버지시여."

첫 번째 은자가 그를 따라했다.

"우리 아버지시여."

그러자 두 번째 은자가 '우리 아버지시여'라고 했고, 이어서 세 번째 은자가 '우리 아버지시여'를 따라했다.

"하늘에 계신 우리 아버지시여." 주교가 계속 이어 나갔다.

첫 번째 은자가 '하늘에 계신 우리 아버지시여'를 반복했다. 그러나 두 번째 은자는 말을 더듬거렸고 키가 큰 은자는 제대로 말을 하지 못했다. 수염이 입술을 덮어 똑똑하게 말할 수 없었다. 나이 많은 은자는 이가 없어 불명확하게 웅얼거리기만 했다.

주교가 다시 반복하자 은자들이 그를 따라했다. 주교는 바위에 앉았고 은자들은 그의 앞에 서서 그의 입을 바라보며 그가 하는 말을 따라했다. 한나절이 지나는 동안 주교는 한 단어를 스무 번, 서른 번, 백 번을 반복했고 은자들은 그를 따라서 반복했다. 그들이 더듬거릴 때마다 주교는 그것을 고쳐 주고 다시 하도록 했다.

주교는 은자들이 주기도문을 혼자 할 수 있을 때까지 계속 가르치며 자리를 뜨지 않았다. 둘째 은자가 가장 먼저 주기도문을 익혔고 혼자 할 수 있게 되었다. 주교는 반복해서 그것을 하도록 시켰고 마침내 다른 은자들도 주기도문을 할 수 있게 되었다.

주교가 배로 돌아가기 위해 일어날 즈음 이미 날이 어두워지고 달이 수면 위로 떠오른 후였다. 주교가 은자들과 헤어질 때 그들은 주교에게 머리가 땅에 닿도록 인사했다. 그는 그들을 일으키고 각각 작별키스를 하며 그가 가르쳐 준 대로 기도하도록 당부했다. 그러고 나서 배로 돌아가기 위해 보트에 올라 탔다.

그가 보트에 오르자 배를 향해서 노를 젓기 시작했고 그는 주기도문을 큰소리로 반복하는 세 은자의 목소리를 들을 수 있었다. 보트가 배에 가까이 이르자 그들의 목소리가 더 이상 들리지 않았다. 하지만 주교가 바닷가에서 떠날 때 그대로 가장 작은 은자가 가운데, 가장 키가 큰 은자가 오른쪽, 그리고 중간인 은자가 왼쪽에 서 있는 모습을 달빛 아래 볼 수 있었다.

주교가 배에 도착해 배에 오르자 마자 선원들이 닻을 올리고 돛을 폈다. 돛이 바람을 잔뜩 안고 앞으로 나아갔다. 주교는 고물 쪽에 자리를 잡고 섬을 바라보았다. 한동안 은자들이 보였지만 곧 시야에서 사라졌다. 하지만 섬은 여전히 보였다. 마침내 시야에서 섬이 사라지고 달빛에 출렁이는 바닷물만 눈에 들어왔다.

순례자들은 잠자기 위해 누웠고 갑판은 정적만 감돌았다. 주교는 잠들고 싶지 않았다. 그저 고물에 홀로 앉아 섬이 있는 바다 쪽을 바라보며 그 선한 노인들을 생각하고 싶었다. 그들이 주기도문을 배우고 기뻐하던 모습을 떠올렸다. 그리고 자신을 그 경건한 사람들에게 보내 그들을 가르치고 도우신 하나님께 감사드렸다.

주교는 이제 시야에서 사라진 섬 쪽을 바라보며 생각에 잠겼다. 파도에 부딪힌 달빛이 여기저기 반짝거렸다. 그때 갑자기 그의 시야에 무언가 하얗고 빛나는 것이 달빛에 드리워진 빛기둥 가운데 들어왔다. 갈매기인가, 아니면 희미한 빛을 내며 항해하는 작은 배인가, 주교는 궁금한 생각에 거기서 눈을 떼지 못했다.

"우리를 따라오는 작은 배겠지. 그런데 엄청 빠르게 따라잡는 걸. 일 분 전만 해도 멀리 있었는데 상당히 가까이 와 있잖아. 그런데 돛이 없는 걸 보니 배는 아닌 것 같군. 뭔지 몰라도 우리를 벌써 따라잡고 있는데." 그는 생각했다.

주교는 그것이 무엇인지 알 수 없었다. 배도 아니고 새도 아니고 물고기도 아니었다. 사람이라고 하기엔 너무 컸다. 게다가 사람이 바다 한가운데 있을 수 없지 않은가. 주교는 자리에서 일어나 조타수에게 말했다.

"이보게, 저기를 보게나. 저게 무언가?"

이제 명확하게 그것이 무엇인지 볼 수 있게 되었지만 주교는 되물었다. 그것은 바로 세 은자가 바다 위를 달려오고 있는 것이었다. 모두 어렴풋이 빛나 보였고 회색 수염이 반짝거렸다. 그들은 배가 멈춰 있기라도 한 듯 빠르게 다가왔다.

조타수는 그 모습을 보고 두려움에 사로잡혀 키를 놓치고 말았다.

"오, 주여! 은자들이 바다 위를 마치 육지라도 되는듯 우리를 따라 달려오고 있습니다!"

승객들이 소리를 듣고 벌떡 일어나 고물 쪽으로 몰려들었다. 그들은 은자들이 서로 손을 잡고 따라오는 것을 보았다. 양쪽에 두 은자는 배를 향해 멈추라고 손짓하는 모습이었다. 세 사람

모두 발 하나 까딱하지 않고 물 위를 미끄러지듯 움직이고 있었다. 배가 미처 멈추기 전에 세 은자가 도착했다. 세 은자는 머리를 들고 한 목소리로 말하기 시작했다.

"가르쳐 주신 기도를 잊었습니다. 하나님의 종이시여. 외우는 동안 기억했는데 잠깐 말을 멈춘 사이에 단어 하나를 까먹고 지금은 엉망이 되었습니다. 아무것도 기억할 수 없습니다. 다시 가르쳐 주시기 바랍니다."

주교는 기도한 후 배 난간에 기대어 은자들에게 말했다.

"하나님의 사람들이여, 여러분의 기도가 하나님께 상달될 겁니다. 여러분을 가르칠 사람은 제가 아닙니다. 우리 죄인들을 위해 기도해 주십시오."

그리고 나서 주교는 은자들 앞에 낮게 머리를 숙였다. 은자들은 뒤돌아 바다를 가로질러 되돌아갔다. 은자들이 사라진 지점에 동이 틀 때까지 한 줄기 빛이 빛나고 있었다.

1886년

Q T | 세 은자
The three hermits

깨닫는다는 것은 무엇일까요?

'볼가강가에 전승되어 오는 이야기'라는 부제가 달려 있는 단편 「세 은자」이다.

톨스토이는 무슨 이야기를 우리에게 하고 싶었던 것일까? 혹시 '믿음이란 우리의 삶 그 자체'라는 말은 아니었을까? 이방인들의 중언부언하는 기도를 하지 말라는 예수님의 가르침을 혹시 우리는 잘못 이해하고 있는지도 모른다.

중언부언을 문자 그대로 해석해서 반복 또는 쓸데없는 말을 갖다 붙이는 식의 기도를 하지 말라는 뜻으로 해석하고 있지만 예수님은 한 발 더 나아가서 너희가 삶에서 행하지 않는 것을 기도하지 말라는 뜻일 수도 있을 것이다. 우리가 예배에서 드리는 주기도문처럼 과연 온전히 하나님의 나라를 먼저 구하고 일용할 양식으로 감사하고 이웃의 허물을 용서하였는가? 행하지 않고 진심으로 바라지 않는 것을 구하는 것이야말로 중언부언이요, 거짓 믿음인 것이다.

초대교회 교부들은 예수님과 같은 삶과 믿음을 지키기 위해 사막으로 들어가 평생 기도 가운데 살다가 생을 마감했다. 혹설에 의하면 아씨시의 성자 프란치스코는 동물들과 대화를 나누고 사막의 산을 옮기기까지 했다고도 한다. 그 능력이 대단해서가 아니라 세상을 포기한 대신 그들에게 쏟아진 하나님의 은총을 누리는 한 단면을 엿볼 수 있기 때문에 우리는 그들을 성자와 같이 존경을 표하는 것이다.

이 단편에서 주교도 신앙의 올바른 가르침을 위한 열정이 대단함을 보이나 세상적 기준과 형식을 초월한 세 은자를 통해 자신의 교만함을 오히려 깨닫는 모습을 보여준다. 어쩌면 주교도 참으로 겸손한 사람이요 믿음의 사람이라는 생각이 든다.

톨스토이는 이 단편에서 어느 누구도 다치지 않고 상처받지 않게 하는 배려를 보인다. 그것이 또한 하나님의 사랑일 것이다.

회개하는 죄인

이르되 예수여 당신의 나라에 임하실 때에 나를 기억하소서 하니
예수께서 이르시되 내가 진실로 네게 이르노니 오늘 네가 나와
함께 낙원에 있으리라 하시니라 _누가복음 23:42-43

 칠십 평생 죄만 짓고 살아온 남자가 있었다. 죽을병에 걸려 이제 생의 마지막을 바라보면서도 회개할 생각을 하지 않았다. 그러나 마지막 숨이 넘어가는 순간, 그는 울면서 말했다.
 "주님, 나를 용서하소서, 십자가 위에서 죄인을 용서한 것처럼 용서하소서."
 이 말을 마치자 마자 그의 영혼은 죄의 육체를 벗어났다. 하나님에 대한 사랑과 긍휼하심에 대한 믿음을 가지고……. 그의 영혼은 천국 문 앞에 이르러 문을 두드리며 천국에 들어갈 것을 간절히 기도했다.

그때 천국 문 안쪽에서 소리가 들려왔다.

"천국의 문을 두드리는 자는 누구이며 세상을 사는 동안 그의 행실은 어떠하였는고?"

그러자 남자가 평생 지은 죄를 열거하는 기소인의 목소리가 들렸다. 착한 행실에 대한 내용은 단 한 건도 없었다.

천국 문 안쪽에서 다시 처음의 목소리가 들려왔다.

"죄인은 천국에 들어올 수 없도다. 어서 떠나거라!"

그 남자가 말했다.

"주여, 당신의 목소리는 듣사오나 얼굴도 볼 수 없고 당신의 이름도 알 수 없나이다."

목소리가 대답했다.

"나는 사도 베드로다."

죄인이 대답했다.

"사도 베드로여, 불쌍히 여기소서! 인간의 연약함과 하나님의 자비를 기억하소서. 당신은 그리스도의 제자가 아니십니까? 그분의 가르침을 직접 듣지 않으셨습니까, 또 그분께서 당신 앞에서 직접 본을 보이지 않으셨습니까? 기억하소서. 그분께서 애

통해 하고 슬퍼하실 때 세 번씩이나 깨어 기도하라고 부탁하셨지만 당신은 눈꺼풀이 무거워 줄 수밖에 없었고 그분은 세 번이나 당신이 조는 모습을 발견한 것을 기억하소서. 저 역시 그런 자입니다. 또한 당신은 죽기까지 믿음을 지킬 것을 약속하였지만 그분이 가야바에게 끌려갈 때 세 번이나 그를 부인하였던 것을 기억하소서. 저 역시 그런 인간이옵니다. 또 당신은 그때 닭이 울자 밖으로 뛰쳐나가 슬피 울며 통곡하였던 것을 기억하소서. 저 역시 그런 인간이옵니다. 당신께서는 저를 거절할 수 없을 줄 믿나이다."

문 뒤의 목소리가 잠잠해졌다.

죄인은 잠시 서서 기다리다가 다시 문을 두드리며 천국에 들여보내 줄 것을 간청했다.

그리고 문 뒤에서 다른 목소리가 들려왔다.

"이 자는 누구인고, 세상에서 어떻게 살던 자인고?"

다시 기소인이 죄인의 악행을 열거하는 목소리가 들려왔고 역시 착한 행실은 단 한 건도 없었다.

그리고 문 뒤에서 목소리가 대답했다.

"돌아가라! 이와 같은 죄인은 천국에서 우리와 살아갈 수 없느니라."

그때 죄인이 말했다.

"주여, 제가 당신의 목소리는 들사오나 당신을 볼 수 없고 당신의 이름을 알 수 없나이다."

그러자 목소리가 대답했다.

"나는 이스라엘의 왕이며 선지자인 다윗이다."

죄인은 낙심하지도, 천국 문 앞을 떠나지도 않았다. 그리고 말했다.

"다윗 왕이여, 저를 불쌍히 여기소서! 인간의 연약함과 하나님의 자비를 기억하소서! 하나님은 당신을 사랑하셔서 사람들 가운데 높이셨습니다. 당신은 모든 것을 가졌습니다. 왕국과 명예와 부, 아내들과 자녀들, 그러나 당신은 지붕 위에서 가난한 자의 아내를 보았고 죄가 당신에게 들어갔습니다. 당신은 우리야의 아내를 범했고 우리야를 암몬 족속의 칼에 죽도록 하였습니다. 당신은 부유한 자로서 가난한 자로부터 가장 소중한 것을 빼앗고 그를 죽였습니다. 저 역시 그런 죄를 지었습니다. 기억하소서. 그때 당신이 회개하며 한 말 '내가 나의 죄를 깨달았노라 내 죄가 나의 목전에 있도다.' 저 역시 그런 죄를 지었습니다. 당신은 제가 들어가는 것을 막지 않으실 줄 믿습니다."

그러자 문 안쪽의 목소리가 잠잠해졌다.

죄인은 잠시 서 있다가 다시 두드리기 시작했고 천국에 들어가도록 간청했다.

잠시 후 문 안쪽으로부터 세 번째 목소리가 들려왔다.

"이 자는 누구인고, 세상에서 어떤 삶을 살았는고?"

기소자의 목소리가 죄인의 악행을 읽어나가는 소리가 들려왔고 역시 착한 일은 한 가지도 없었다.

그리고 문 안쪽에서 목소리가 들려왔다.

"여기를 떠나라! 죄인은 천국에 들어올 수 없다."

다시 죄인이 말했다.

"당신의 목소리는 들었사오나 얼굴은 볼 수 없고 당신의 이름도 모르나이다."

그러자 목소리가 대답했다.

"나는 예수님이 가장 사랑하던 제자 사도 요한이다."

그러자 죄인은 기쁨에 찬 목소리로 말했다.

"이제야 확실히 들어갈 수 있겠나이다. 사도 베드로와 다윗 왕께서도 인간의 연약함과 하나님의 자비로움을 알기에 들어가는 것을 허락하신 줄 알지만 당신은 사랑의 사도이므로 허락하실 줄 믿습니다. 하나님은 사랑이라, 또한 사랑하지 않는 자는 하나님을 모르는 자라고 말씀을 기록한 분이 사도 요한, 당신 아니십니까? 또한 노년에 당신은 '형제들아, 서로 사랑하라' 하지 않으셨습니까. 그럴진대 어찌 저를 미움을 가지고 쫓아낼 수 있겠습니까? 당신께서 말씀하신 것을 포기하거나 아니면 저를 사랑하심으로 천국에 들어가도록 허락하길 바라나이다."

이때 천국 문이 열리고 사도 요한이 회개하는 죄인을 껴안으며 천국으로 데리고 들어갔다.

1886년

Q T 회개하는 죄인
A prisoner in the caucasus

구원받는 믿음은 무엇인가요?

'믿음으로 구원에 이른다'는 로마서의 말씀은 우리에게 한줄기 빛이요 생명수와 같은 가뭄 끝 빗줄기이다. 십자가의 죄인을 모티브로 톨스토이는 우리에게 구원받는 믿음이 무엇인지 말하고 있다.

'너희가 그 은혜로 인하여 믿음으로 말미암아 구원을 얻었나니 이것이 너희에게서 난 것이 아니요 하나님의 선물이라 행위에서 난 것이 아니니 누구든지 자랑치 못하게 함이라'

이 말씀은 우리에게 구원에 대한 확신과 믿음을 준다.

회개하는 죄인은 베드로와 다윗과 사도 요한의 인간적 연약함을 들어 우리가 모두 죄인이며 우리의 행위로는 세상 어느 누구도 천국에 들어갈 수 없음을 역설한다. 오히려 나의 죄에 대한 고백과 그럼에도 불구하고 당신께 매달릴 수밖에 없는 연약한 존재임을 고백할 때 천국의 문은 열린다.

하나님은 진실을 아시지만 기다리신다

블라디미르에 이반 드미트리히 악시노프라는 젊은 상인이 살고 있었다. 그는 가게 두 군데와 집 한 채를 소유하고 있었다. 악시노프는 잘생긴데다 곱슬머리 금발에 유머 감각이 풍부하고 노래를 잘하는 청년이었다. 한창 젊을 때에는 술을 주는 대로 마다하지 않았고 이따금 소란을 피우기도 했다. 하지만 결혼한 후 술을 거의 끊다시피 하였고 어쩌다 한두 잔 하는 정도였다.

어느 여름, 악시노프가 니즈니의 장터에 가려고 가족들에게 작별 인사를 하는데 그의 아내가 말했다.

"이반 드미트리히, 오늘은 안 가는 게 좋겠어요. 어젯밤에 안 좋은 꿈을 꾸었어요."

악시노프는 웃으며 말했다.

"당신, 내가 장에 가서 술집에 들릴까 봐 그런 거 아니오?"

그의 아내가 대답했다.

"왜 그런지 저도 모르겠어요. 단지 나쁜 꿈을 꾸었다는 것만 알겠는걸요. 제 꿈에 당신이 시내에서 돌아와 모자를 벗자 머리칼이 하얗게 변해 있는 거예요."

악시노프는 웃으며 말했다.

"그건 좋은 징조요. 만일 내가 물건을 다 팔지 못하면, 당신에게 멋진 선물을 사 오도록 하겠소."

그는 가족들과 작별 인사를 하고 길을 떠났다.

그가 거의 절반쯤 길을 갔을 때, 전부터 알고 지내던 상인을 만났다. 두 사람은 같은 여관에 여장을 풀고 하룻밤을 지내기로 했다. 그들은 함께 차를 마신 후 나란히 있는 방에서 각각 잠자리에 들었다. 세벽잠이 없는 악시노프는 아직 씰씰했지만 시둘러 출발하기로 했다. 그는 해가 뜨기도 전에 마부를 깨워 여장을 준비하도록 했다.

그리고 여관 뒤쪽의 별채에 살고 있는 주인에게 요금을 지불하고 길을 떠났다.

그가 이십오 마일쯤 갔을 때, 말들에게 먹일 것을 주기 위해 멈췄다. 말을 먹이는 동안 악시노프는 여관 통로에서 잠시 휴식을 취하고 있었다. 그런 중에 그는 현관 안쪽으로 들어가 사모바르에서 따뜻한 물 한 컵을 마시고 기타를 가지고 나와 연주하기 시작했다.

그때 갑자기 요란한 방울소리와 함께 삼두마차가 달려오더니 장교 한 명이 내리고 병사 두 명이 뒤를 따랐다. 그 장교는 악시노프에게 다가와 그가 누가인지, 언제 왔는지 묻기 시작했다. 악시노프는 빠짐없이 대답했고 그에게 말했다.

"저와 차라도 한 잔 하시겠습니까?"

그러나 그 장교는 반대 심문을 계속하며 그에게 물었다.

"당신, 지난밤에 어디에 있었습니까? 혼자 있었나요, 아니면 동료 상인과 같이 있었나요? 오늘 아침에 다른 상인을 보셨습니까? 왜 해가 뜨기 전에 서둘러 여관을 떠나신 거죠?"

악시노프는 자신이 왜 그런 질문을 받는지 의아해 하면서 그동안 일어났던 일들을 모두 설명했다. 그리고 덧붙였다.

"왜 저를 마치 도둑이나 강도 같이 힐문하시는 겁니까? 전 사업상 여행 중일 뿐이고 저에겐 질문할 필요가 없습니다."

그러자 장교가 병사들을 부르며 말했다.

"난 이 지역 경찰대장이요. 내가 당신을 심문하는 것은 어젯밤 당신이 함께 지낸 상인이 목이 잘린 채 발견되었기 때문이오. 우리는 당신의 소지품을 조사해야겠소."

그들은 집으로 들어갔다. 병사들과 경찰대장은 악시노프의 가방을 풀어헤치고 뒤지기 시작했다. 갑자기 한 병사가 가방에서 칼을 끄집어내더니 소리쳤다.

"이 칼이 누구 것입니까?"

악시노프가 대답하려 했으나 입이 떨어지지 않았고 그저 더듬거리고 말았다.

"난, 난 몰라요. 내, 내 것이 아닙니다."

그러자 경찰대장이 말했다.

"오늘 아침 그 상인이 침대에서 목이 잘린 채 발견됐어요. 당신이 그 짓을 할 만한 유일한 사람이오. 집은 안쪽에서 잠겨 있었고 당신 외에 바깥으로 나온 사람이 아무도 없었어요. 여기 당신 가방에서 나온 피 묻은 칼, 그리고 당신의 표정과 태도가 말해 주고 있어요! 어떻게 죽였는지 말하시오. 훔친 돈이 얼마인지 말헤요."

악시노프는 그 짓을 하지 않았다고 주장했다. 그 상인과 함께 차를 마신 이후 그를 본 적이 없고 자신이 가진 팔천 루블 외에는 한 푼도 없으며 칼은 자신의 것이 아님을 주장했다. 그러나 그의 목소리는 떨고 있었고 얼굴은 창백했다. 마치 자신이 죄를 지은 것처럼 두려움에 떨고 있었다.

경찰대장은 병사들에게 악시노프를 묶어 마차에 집어넣으라고 명령했다. 그들이 그의 두 발을 묶고 마차에 집어넣자 악시노프는 성호를 그으며 흐느꼈다. 그의 돈과 물건은 모두 압수당했고 가장 가까운 도시로 호송되어 감옥에 감금되었다. 그의 신원 조회가 블라디미르에서 이루어졌다. 도시의 상인들과 주민들은 과거에 그가 술을 즐겼고 허랑방탕했지만 좋은 친구였다고 말했다. 그 후 기소되었다. 그는 리아잔 출신의 상인을 살해하고 이만 루블을 강탈한 혐의였다.

그의 부인은 절망에 빠졌고 무엇을 믿어야 할지 몰랐다. 아이들은 아직 어렸고 한 아이는 아직 품안에 있었다. 그녀는 아이들을 데리고 남편이 갇힌 도시로 갔다. 처음에 남편을 만나는 것이 허락되지 않았다. 몇 번 간청한 후에 관리로부터 허락을 받아 그에게 인도됐다. 죄수복과 수갑을 차고 도둑들과 강도들과 함께 갇혀 있는 남편을 보자 그녀는 쓰러져서 한동안 정신을 차리지 못했다.

얼마 후 그녀는 아이들을 끌어안고 남편 가까이에 앉았다. 그녀는 집안 일을 얘기하고 그에게 일어난 일들을 물었다. 그는 모든 것을 이야기하였고 아내는 그에게 물었다.

"이제 어떻게 해야 하죠?"

"무죄한 사람을 죽이지 말도록 국왕에게 탄원해야 해요."

아내는 이미 국왕에게 탄원한 사실과 받아들여지지 않은 사실을 말했다.

악시노프는 아무 대답도 하지 않고 그저 바닥만 내려다봤다.

그러자 그의 아내가 말했다.

"제가 꾼 꿈이 아무 의미가 없었던 게 아니었어요. 기억나시죠? 당신 머리가 하얗게 되어 돌아온 꿈 말이에요."

그의 머리카락을 쓰다듬으며 아내가 말했다.

"이봐요, 아내인 내게 솔직하게 말해 줘요. 그 짓을 한 사람이 당신은 아니죠?"

"그렇군, 당신도 날 의심하는 거지!"

악시노프는 손으로 얼굴을 가리고 흐느끼기 시작했다.

그때 병사가 다가와서 그의 아내와 아이들이 떠날 시간이 됐다고 했다. 악시노프는 작별 인사를 했다. 그들이 돌아간 후 그들이 나눈 대화를 회상하던 악시노프는 아내 역시 그를 의심하고 있었음을 기억했다.

그는 혼잣말로 중얼거렸다.

"하나님만이 진실을 알고 계신 것 같군. 호소할 분은 하나님밖에 없고, 오직 그분의 자비밖에 기대할 것이 없어."

악시노프는 더 이상 탄원서를 쓰지 않았다. 모든 희망을 포기하고 하나님께 기도드렸다.

악시노프는 태형과 광산 유배의 선고를 받았다. 채찍으로 심하게 매질을 당했고 채찍으로 인한 상처가 아문 후에 다른 죄수들과 함께 시베리아로 보내졌다.

악시노프가 시베리아로 유배된 지 이십육 년이 지났다.

그의 머리는 눈처럼 하얗게 되었고, 가늘고 누런 수염이 길게 자랐다. 유쾌하던 그의 모습은 사라졌고 구부정하고 느릿느릿 걸으며 말수가 적은 노인이 되었다. 웃는 일이 거의 없었다. 그러나 기도는 수시로 놓지 않았다.

감옥에서 악시노프는 부츠 만드는 법을 배워 약간의 돈을 벌었다. 그는 그 돈으로 『성자의 삶』이라는 책을 샀다. 감옥 안에서 햇빛이 있는 낮엔 책을 읽었고, 일요일이면 감옥교회에서 가르침을 듣고 성가대에서 찬양했다. 아직 그의 목소리는 쓸 만했다.

악시노프는 온유한 성격이었으므로 감옥 간수들이 그를 좋아했다. 동료 죄수들은 그를 존경했다. 그들은 악시노프를 '할아버지' 혹은 '성자'라고 불렀다. 감옥 간수에게 탄원할 일이 생기면 항상 악시노프를 그들의 대변인으로 세웠다. 죄수들 간에 다툼이 생기면 그 일에 대해 시시비비를 가리도록 부탁했다.

집으로부터 아무 연락이 없었고, 악시노프는 아내와 자녀들의 생사 여부도 알 수 없었다.

어느 날 새로운 죄수 일행이 감옥에 들어왔다. 저녁이 되어 고참 죄수들이 신참 죄수들을 불러 모은 후 어디 출신인지, 무슨 죄를 지었는지 물었다.

악시노프는 신참 죄수들 사이에 앉아 그들이 말하는 것을 침통한 표정으로 듣고 있었다. 키가 크고 건장한 육십 세 정도의 옥수수 같은 회색 턱수염을 한 남자 신참 하나가 자신이 체포된 이유를 말하고 있었다.

"난 단지 썰매에 묶여 있는 말을 가져가려다 절도죄로 붙잡혔지 뭐요. 그저 집에 좀 빨리 가려고 했을 뿐이었고 그 후에는 돌려주려 했다고 말했지요. 그 마부가 내 친구였거든요. 그래서 저는 '아무 문제될 게 없다'고 말했지요. 그런데 그들은 '아니야, 넌 말을 훔쳤어'라고 말하는 겁니다. 내가 어디서 어떻게 훔쳤는지 그들은 말하지 못했어요. 진짜 잘못을 저지른 적이 한번 있었는데, 사실은 그 일로 진즉 여기를 왔어야 했지요. 하지만 그땐 붙잡히지 않았어요. 이제 와서 별것도 아닌 일로 오게 되다니… 음, 그건 거짓말이고, 예전에 시베리아에 온 적이 있었어요. 오래 있진 않았지만."

"출신이 어디오?" 누군가 물었다.

"블라디미르. 가족이 살고 있지요. 내 이름은 마카르이고 사람들은 세묘니치라고 부르지요."

악시노프는 머리를 들고 그에게 말했다.

"세묘니치, 블라디미르에 악시노프라는 상인의 가족에 대해 혹시 아는 게 있나? 그들이 아직 살아 있는가?"

"그들을 아냐구요? 알다마다요. 악시노프는 부자죠. 물론 그의 아버지는 시베리아에 있지만. 우리 같은 죄수로 말입니다. 가만 있자, 그런데 할아버지! 할아버지는 어떻게 여기에 오게 됐죠?"

악시노프는 그의 불운에 대해 말하고 싶지 않았다. 한숨만 쉬고 말했다.

"지난 이십육 년 동안 죄 때문에 이곳에 있었네."

"무슨 죄를?" 마카르 세묘니치는 물었다.

"그래, 그래, 난 죗값을 받아 마땅했지!"

악시노프는 단지 이렇게 말하고 나서 더 이상 아무 말도 하지 않았다.

그의 동료 죄수들은 신참 죄수들에게 악시노프가 어떻게 시베리아에 오게 되었는지 말해 주었다. 누군가 상인을 살해하고 그 칼을 악시노프의 가방에 넣어 부당하게 처벌을 받게 된 이야기를 해주었다.

마카르 세묘니치는 이야기를 다 듣고 나자, 악시노프를 쳐다보고 무릎을 치며 소리질렀다.

"놀랍군요, 놀라워요! 그렇게 세월이 많이 흘렀다니, 할아범!"

다른 사람들이 왜 그렇게 놀랐는지 물었다. 그리고 악시노프를 본 적이 있는지 물었다. 그러나 마카르 세묘니치는 대답하지 않고 그저 이렇게 말할 뿐이었다.

"여기서 이렇게 만나다니, 정말 놀랍지 않나! 친구들!"

이 말에 악시노프는 이 자가 그 상인을 죽인 자를 아는 것 아닌가 하는 생각이 들었다. 그래서 그는 말했다.

"세묘니치, 그 일에 대해 얘기를 들었거나 아니면 나를 본 적이 있는 것 같군."

"어떻게 그 얘길 듣지 않을 수 있겠어요? 세상이 온통 소문으로 가득 찼는데. 하지만 오래전 얘기라서, 별로 기억나는 게 없군요."

"상인을 죽인 자에 대해 들은 게 없다구?" 악시노프가 물었다.

마카르 세묘니치는 웃으며 대답했다.

"가방에서 칼이 발견된 자가 숙인 섯 아니겠어요? 만일 누군가 칼을 거기에 숨겼다면 '잡힐 때까지는 도둑이 아니다'는 말이 있듯이! 당신 머리맡에 있는 가방에 누가 칼을 집어 넣을 수 있단 말입니까? 그랬다간 당신이 깨어나지 않았겠어요?"

악시노프는 이 말을 듣는 순간, 이 자가 바로 상인을 죽인 자라는 느낌이 들었다.

그는 일어나서 나갔다. 밤새도록 그는 깨어 있었다. 악시노프는 말할 수 없는 비통함을 느꼈고 별별 생각이 다 떠올랐다. 장터에 가기 위해 작별할 때의 아내 모습이 떠올랐다. 아내의 얼굴과 눈망울, 그녀가 말하며 웃는 모습이 어른거렸다. 그리고 어린 자녀들의 모습이 그대로 보였다. 한 녀석은 작은 외투를 입고 있었고 다른 녀석은 엄마의 품에 안겨 있었다. 그리고 또 젊고 활달했던 자신의 모습이 떠올랐다. 경찰에 붙잡히는 순간 여관 통로에 앉아 기타 치던 자신의 모습, 그 자신이 얼마나 걱정이 없었던가를 떠올렸다. 그는 마음속에서 형 집행인이 그를 채찍질하고 주위에 많은 사람들이 둘러서서 지켜보는 장면을 떠올렸다. 그리고 쇠사슬과 유죄 판결과 이십육 년간의 유배생활과 일찍 찾아온 노년의 모든 것들이 주마등처럼 지나갔다. 모든 생각들이 그를 비참하게 만들었고 자살의 충동으로까지 몰고 갔다.

"그 모든 것이 저 악당 녀석의 짓이야!" 악시노프는 생각했다.

그리고 마카르 세묘니치에 대한 분노가 극에 달해 설사 그 일로 자신이 죽게 될지라도 복수를 하고 말겠다고 생각했다. 그는 밤새도록 기도했다. 그러나 마음에 평화가 없었다.

그날 이후 그는 마카르 세묘니치에게 가까이 가지 않았고 쳐다보지도 않았다.

그렇게 두 주일이 지났다. 악시노프는 밤에 잠을 잘 수 없었고 어찌해야 할지 몰라 참담한 지경이 되었다.

어느 날 밤, 그가 감옥을 거닐고 있을 때 죄수들의 침대 중에서 밑으로부터 무언가가 굴러나오는 것을 알아챘다. 그는 그것이 무엇인지 보기 위해 멈췄다. 갑자기 침대 아래에서 기어 나온 마카르 세묘니치가 놀란 얼굴로 악시노프를 올려다보았다. 악시노프는 그를 외면하며 고개를 돌리고 지나가려 했지만 마카르가 손을 붙잡았다. 그는 자신이 벽 밑에 구멍을 팠고 부츠에 흙을 담아 매일 죄수들이 이동할 때마다 길에 버렸다고 말했다.

"입 다물고 있어요. 노인네. 그러면 당신도 나갈 수 있을 테니. 당신이 지껄이는 날에는 나를 채찍으로 때려 죽일 거요. 물론 그 전에 당신이 먼저 죽겠지만."

악시노프는 원수를 보면서 분노에 떨었다. 그는 손을 떨치며 말했다.

"나는 탈출할 마음이 없네. 자네도 날 죽일 필요는 없고. 자넨 오래전에 이미 날 죽였어! 자네가 지금 말한 것에 대해 내가 그렇게 하든 하지 않든, 하나님이 이끄실 거야."

다음 날, 죄수들이 작업을 위해 끌려 나갈 때, 호송 병사들은 죄수들 몇 명이 그들의 부츠에서 흙을 털어내는 것을 주목했다.

> 경찰에 붙잡히는 순간 여관 통로에 앉아 기타 치던 자신의 모습, 그 자신이 얼마나 걱정이 없었던가를 떠올렸다. 그는 마음속에서 형 집행인이 그를 채찍질하고 주위에 많은 사람들이 둘러서서 지켜보는 장면을 떠올렸다. 그리고 쇠사슬과 유죄 판결과 이십육 년간의 유배 생활과 일찍 찾아온 노년의 모든 것들이 주마등처럼 지나갔다.

곧 감옥에서 수색작업이 벌어졌고 지하통로가 발견됐다. 그 구멍을 누가 팠는지 알아내기 위해 모든 죄수들이 간수에게 불려가 심문을 당했다. 모든 죄수들이 모른다고 답했다. 알고 있는 사람들도 그가 누군지 밝혀지면 죽도록 채찍질을 당할 것을 알기 때문에 마카르를 배신하려 하지 않았다. 마침내 바로 그 자가 누군지 알고 있는 악시노프에게 차례가 돌아왔다. 교도관은 말했다.

"당신은 진실한 노인이라는 것을 알고 있습니다. 하나님 앞에 솔직하게 말해 주세요, 누가 구멍을 팠습니까?"

마카르 세묘니치가 마치 자신은 아무런 관계가 없는 것처럼 옆에 서 있었다. 그는 교도관과 악시노프를 안 보는 척하며 흘겨보고 있었다. 악시노프의 입술과 손이 떨렸고 오랫동안 한마디도 못했다. 그는 생각했다.

"내가 왜 내 인생을 망친 녀석을 보호하는 거지? 내가 당한 고통을 그도 당하도록 해야 하는 것 아냐. 하지만 내가 입을 열면, 저 녀석은 채찍으로 죽도록 맞게 될 거야. 내가 바라는 것이 그런 것은 아니야. 그런들 나에게 무슨 득이 되겠어?"

"이봐요. 어르신." 교도관이 반복했다.

"진실을 말해 주세요. 누가 그 벽에 구멍을 팠는지 말입니다."

악시노프는 마카르 세묘니치를 흘낏 보고 말했다.

"난 말할 수 없어요. 교도관님, 그건 하나님이 원하시는 게 아닙니다. 난 당신 손 안에 있으니 하고 싶은 대로 하세요."

몇 번이나 교도관이 시도했지만, 악시노프는 더 이상 말을 하지 않았고 그 일은 미궁으로 남았다.

그날 밤, 악시노프가 침대에 누워 막 잠이 들려는데 누군가 조용히 다가와 침대 가까이 앉았다. 악시노프는 어둠 속을 응시했고 그것이 마카르임을 알았다.

"나한테 더 원하는 것이 있는가?" 악시노프가 물었다.

"여기 온 이유가 뭐지?"

마카르 세묘니치는 아무 말이 없었다. 그래서 악시노프는 자리에서 일어나 말했다.

"나에게 뭘 원하나? 꺼져 버리게. 아니면 간수를 부르겠네!"

마카르 세묘니치가 악시노프에게 몸을 굽히며 조용하게 말했다.

"이반 드미트리히, 나를 용서해 주세요!"

"뭘 용서하라는 거지?" 악시노프가 물었다.

"그 상인을 죽이고 칼을 당신 가방에 넣은 자가 바로 접니다. 난 당신도 죽이려고 했었지요. 바깥에서 소리가 나는 바람에 칼을 숨기고 얼른 창문으로 빠져나왔던 겁니다."

악시노프는 침묵했다. 무슨 말을 해야 할지 몰랐다. 마카르 세묘니치는 바닥에 무릎을 꿇었다.

"이반 드미트리히." 그가 말했다.

"절 용서해 주세요. 하나님의 사랑으로 저를 용서해 주세요! 그 상인을 죽인 자가 저였다는 것을 자백하겠습니다. 이반, 당신은 석방되어 집으로 돌아갈 수 있을 겁니다."

"말처럼 쉬운 것이 아니네." 악시노프는 말했다.

"자네 덕분에 이십육 년간 고통을 당했네. 이제 와서 어디로 가겠나? 아내는 죽었고 아이들은 나를 잊었네. 어디도 갈 곳이 없어."

마카르 세묘니치는 고개를 숙인 채 머리를 바닥에 부딪혔다.

"이반 드미트리히, 나를 용서해 주세요!" 그는 울부짖었다.

"그들이 나를 가죽으로 매질할 때도 지금 당신 앞에 있는 것처럼 참기가 힘들지 않았습니다. 그런데 당신은 나를 불쌍히 여기셔서 그들에게 말하지 않았습니다. 그리스도의 사랑으로 이 벌레 같은 인간을 용서해 주세요!"

그는 흐느끼기 시작했다.

악시노프는 그가 흐느끼는 소리를 듣고 눈물을 흘렸다.

"하나님은 자네를 용서할 것일세!" 악시노프가 말했다.

"아마 난 자네보다 백 배 더 악한 인간일 게야."

이 말을 하면서 악시노프의 마음이 가벼워졌고 집을 향한 그리움이 사라졌다. 그는 더 이상 감옥을 떠나고 싶은 욕망을 갖지 않았고 그의 마지막 시간이 오기만을 바랐다.

　악시노프가 그렇게 말했음에도 마카르 세묘니치는 자신의 죄를 자백했다. 악시노프의 석방 명령이 내려졌을 때, 그는 이미 세상을 떠난 뒤였다.

1872년

Q T 하나님은 진실을 아시지만 기다리신다
God sees the truth, but waits

<u>하나님께 가까이 갈수록 왜 죄를 깨달을까요?</u>

하나님은 앞길이 구 만리인 젊은 악시노프에게 청천벽력 같은 일이 생기게 한 것일까? 왜 그의 인생을 송두리째 앗아간 것일까? 그 일로 인해 악시노프가 잃은 것은 무엇이며 얻은 것은 무엇인가?

하나님은 세상적 눈으로 볼 때 악시노프라는 피해자와 세묘니치라는 가해자 두 사람을 등장시켜 하나님의 계획의 일면을 우리에게 보여주신다. 세상적 기준으로 이 단편은 한 인간의 비극적 운명의 이야기이다. 하나님의 눈으로 볼 때 두 사람을 구원하기 위한 하나님의 역사이다. 참으로 아이러니하다. 어쩌면 세묘니치는 하나님의 사역을 위해 도구로 사용된 피해자일 수도 있다. 왜? 악시노프라는 세상에 속한 사람을 하나님의 사람으로 만들어 가기 위해서, 또 세묘니치라는 죄 지은 한 인간을 회개하게 하고 하나님 품에 안기게 하기 위해서다.

이 단편은, 악시노프가 젊어서 방탕했지만 재산도 있고 재주도 많은데다 외모도 준수한 호인으로 묘사하고 있다. 결혼 후 생활이 조금씩 건전해지긴 했지만 여전히 세상을 즐기는 세상적 인물이었다. 하나님은 그런 악시노프를 구원하기 위한 계획을 가지고 계셨다. 그 계획

믿음에 대하여 259

을 세묘니치라고 하는 강도를 통해 이루셨다.

우리의 눈에는 너무나 어처구니 없는 일이다. 그러나 악시노프는 살인의 누명으로 이십육 년을 시베리아의 감옥에서 유배되어 살게 되고 그 가운데 신앙심이 깊어가며 감옥의 성자로 인정받게 된다.

그의 가슴속에 응어리진 한이 없었을까? 결국 하나님은 세묘니치라는 강도와 악시노프가 만나게 하고 악시노프가 그를 용서하게 한다. 악시노프는 오히려 세묘니치에게 자신이 더 죄인임을 고백한다. 그 이상의 용서가 있을까? 용서받을 자와 용사할 자가 뒤바뀌는 장면이다. 이것이 하나님의 계획이며 하나님의 역사다. 톨스토이는 구구절절 악시노프의 삶과 그가 행했던 여러 가지 선악을 열거하지 않는다. 모든 인간이 동일하게 짓는 선이요 악이기 때문이다.

악시노프의 모습은 우리의 모습이다. 다행히 살인의 누명과 같은 엄청난 일을 경험하지는 않지만 우리에게도 수많은 삶의 파노라마가 벌어지고 있지 않은가. 하나님께 가까이 갈수록 그 파노라마는 의미있게 다가오고 우리자신의 죄를 깨닫게 한다. 그리고 하나님이 얼마나 그 시간을 기다리고 있는지 알게 된다.

/부록/ 톨스토이 작품 목록

톨스토이에 관한 책들만으로도 도서관 하나를 꽉 채울 수 있을 것이다. 여기에는 그 나름의 이유가 있다. 볼테르와 괴테 이래 그토록 오랜 기간 그런 명성을 누린 작가가 없었다. 그런데 그의 문학작품 대부분이 두말할 나위 없는 걸작의 대열에 든 반면, 그의 인물됨은 예나 지금이나 의문에 싸여 있다. 그가 살아있을 당시에 이미 그의 인물됨을 둘러싸고 형성된 신화는 지금도 계속 된다. 그 신화는 어찌나 강력한지, 심지어 실제 사실이나 톨스토이의 본질 마저 흐리게 할 정도이다. -얀코

소설
Childhood
Boyhood
Youth
Sebastopol
The Cossacks
War and Peace
Anna Karenin
The Kreutzer Sonata
Resurrection
Hadji Murat
Father Sergius

희곡
The Power of Darkness(drama)
The Fruits of Enlightenment (comedy)
The Corpse(unfinished drama)

단편 및 습작
A Morning of a Landowner
A Raid
The Cutting of the Forest
Notes of a Billiard Marker
TwoHussars
An Encounter
The Snowstorm
Lucerne
Albert
Three Deaths
Family Happiness
Polikushka
The Decembrists
The Prisoner of the Caucasus
The Death of Iyan Ilyitch
Holstomer
A Talk Among Idle People
Master and Seryant
Singing in the Village
Four Days in the Village
The False Coupon

After the Ball

자서전

First Recollections

Confession

The Claim of Love
(일기에서 발췌)

교육에 관한 기사와 논문

On Popular Education

Education and Instruction

Progress and the Definition of Instruction

A Primer

On Popular Instruction

A New Primer

윤리/종교 서적 및 수필

A Criticism of Dogmatic Theology

A Short Exposition of the Gospel

The Four Gospels Unified and Translated

Church and State

What Is My Faith?

On Life

The Love of God and of One's Neighbour

Timothy Bondareff

Why Do Men Intoxicate Themselves?

On Non-Resistance

The First Step(on vegetarianism)

The Kingdom of Qod is Within You; or Christianity not as a Mystical Teaching but as a New Conception of Life

Non-Activity

The Meaning of the Refusal of Military Service

Reason and Religion

Religion and Morality

Christianity and Patriotism.

Non-Resi8tance
(a letter to Ernest H. Crosby)

How to Read the Gospels

The Deception by the Church

Christian Teaching

On Suicide

Thou Shalt Not Kill

Reply to the Holy Synod

The Only Way

On Religious Toleration

What is Religion ?

To the Orthodox Clergy

Thoughts of Wise Men

The Only Need

The Great Sin

A Cycle of Reading

Do Not Kill

Love Each Other

An Appeal to Youth

The Law of Violence and the Law of Love

The Only Command

For Every Day

예술과 문학에 관한 글

What is Art!

Art and Not Art

Shakespeare and the Drama

Prefaces to : A Translation of - Modern Science," by Edward Carpenter Dr. Alice Stockham's " Toxology

Orloff's Album

Amiel

Free Translations of Stories by: Guy de Maupassant

Bernardin de St. Pierre

짧은 종교적이고 교훈적인 이야기들과 전도용 글

What People are Living By

Where Love is, There is God

Two Old Men

A Fire Neglected Consumes the House

Nicolas Stick (Tsar Nicolas 1.)

Does a Man Require Much Land?

Ifias

The Godson

The Three Hermits

The Candle

The Repenting Sinner

The First Distiller

Ivan the Fool

The Empty Drum

Walk in the Light While the Light is With You

Three Parables

Esarheddon

Three Questions

The Restoration of Hell

Work, Death and Sickness

A Prayer

Berries

Korney Vasilyeff

Why?

The Divine and the Human

A Letter on Science to a Peasant

아래글들은 Posrednik에 의해 사후 출간

False Beliefs

Life in Reality

On Religion

The Soul

Love .

The Sexual Instinct

God .

Sins, Temptation and Superstitions

Excesses .

The Similarity of Men's Souls

Pride

Effort

Wrath

Vanity

Parasitism

False Science

사회적 정치적 수필과 연설문

The Census of Moscow (in 1882)

- Letter to M. A. Engelhardt
- What Then Must We Do?
- On Women
- On Manual Labour
- Mental Activity and Manual Labour
- Culture's Feast(on the anniversary of the Moscow University)
- Letter to a Revolutionist
- On the Famine (reports and letters)
- Shame!(against corporal punishment)
- Patriotism and Peace
- To the Liberals
- To the Ministers
- The Approach of the End
- A Letter to a Non-Commissioned Officer
- On the Hague Peace Conference
- Two Wars
- Who Is to be Blamed ?
- Carthago Delenda Est
- The Slavery of our Times
- Where is the Issue ?
- Patriotism and Government. Is it Really Necessary
- To the Tsar and his Associates
- The Nearing End of the Age
- Mementoes for Soldiers
- Mementoes for Officers
- On the Working-Class Problem
- Letters to the Tsar
- To the Working People
- To Men of Politics
- To Social Reformers
- Letter to Pietro Mazzini
- Bethink Yourselves
- In the Russian Revolution
- How to Emancipate the Working Classes
- A Great Injustice (on the land problem)
- On the Social Movement in Russia
- The End of the Age
- An Appeal to the People
- On Military Service
- On the Meaning of the Russian Revolution
- What Must be Done?
- An Appeal to the Government, the Revolutionists and the People
- The Only Solution of the Land Question
- I Cannot be Silent (a protest against the wholesale executions)
- Concerning Molochnikoff's Arrest
- The Annexation of Bosnia and Herzegovina
- The Inevitable Revolution
- An Address to the Stockholm Peace Conference
- An Efficient Remedy (최후의 작품)

-Yana Maquieira 정리